**Le présent ouvrage a été publié
avec le soutien de**
l'Académie Nicaraguayenne de la Langue
ANL

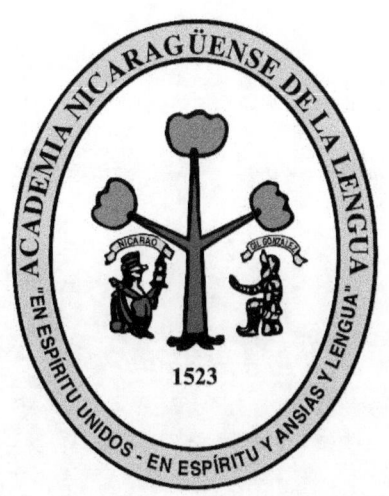

"En espiritu unido, en espiritu y ansias y lengua."

La Collection "*Travaux Panofskiens*" est dédiée à l'étude des oeuvres d'art de la période moderne (XIIème-XVIIIème siècles) et de la période contemporaine (XIXème-XXIème siècles), à partir de plusieurs concepts des études de l'École de Warburg, notamment représentés dans les travaux de son principal représentant Erwin Panofsky. Ces concepts sont les suivants:
La transmission des symboles culturels entre les époques, et la permanence de leur représentation;
L'étude des oeuvres d'art comme matériel pour comprendre leur époque et l'histoire des mentalités qui y est liée, c'est-à-dire, inversement, les idées, les pratiques et les moeurs, que révèlent les oeuvres d'art;
En ce sens, l'interaction entre les cosmos de cultures profane et religieuse, d'une part, et populaire, cultivée et savante, d'autre part.
Le principal apport de la présente Collection, ou son principal projet en tous cas, est d'aborder, non seulement les oeuvres de l'époque moderne, champ d'étude particulier de l'École de Warburg et de Panofsky, mais d'amplifier cedit champ à celui de la contemporanéité, en particulier des avant-gardes, afin, non seulement d'appliquer la méthode panofskienne à l'art contemporain, mais encore pour en expérimenter la pertinence dans le cadre visuel de la non figuration et de l'abstraction (soit-elle, celle-ci, thématique ou formelle).

Dr. N.-B. Barbe

Norbert-Bertrand Barbe
Membre Honoraire de
l'Académie Nicaraguayenne de la Langue

LA MORT DE MARAT DE DAVID :
une inflexion vers la création d'un discours national dans le cadre révolutionnaire

ISBN: 978-2-35424-191-9

Collection "*Travaux Panofskiens*"

© 2018, Bès Editions

Toute reproduction intégrale ou partielle du présent ouvrage, faite par quelque procédé que ce soit, sans le consentement de l'auteur ou de ses ayants cause, est illicite et constitue une contrefaçon sanctionnée par les articles L.335-2 et suivants du Code de la propriété intellectuelle.

Sommaire Général du Volume

1. David et la dualité visuelle	1
2. La question iconographique et l'assomption d'un mouvement	5
2.1. La tête de Marat	5
2.2. Le geste de Marat	7
3. Marat, César et la République: de Voltaire à David, un cas complexe d'idéologisation du pouvoir	16
4. La question du premier Brutus	21
5. Conclusion: l'expression subjacente de la dualité pour accentuer les vertus de Marat	23
Notes	31

Planches

La mort de Marat de David: une inflexion vers la création d'un discours national dans le cadre révolutionnaire

> *"Tous ceux qui ont reçu l'éducation de nos collèges doivent être embarrassés quand ils deviennent les juges d'une action de ce genre. Le bon sens dit que le vrai nom d'un pareil tournoi est assassinat. Mais l'Université, pendant huit mortelles années, a pris la peine de nous enseigner de tous autres noms, latins ou grecs. Chacun se souvient des classiques admirations de son professeur pour le poignard de Brutus.*
> *«En plein sénat, messieurs! en plein sénat!» nous disait le nôtre, qui pourtant recevait de César un traitement de mille écus par an, ni plus ni moins.*
> *Il ajoutait:*
> *«C'était bien le vir fortis et ubicumque paratus. Le gaillard n'avait pas froid aux yeux! En plein sénat, messieurs, en plein sénat!»*
> *Cassius, le collaborateur, avait aussi sa part d'éloges.*
> *Et l'on partait de là pour dire quelque chose d'aimable à propos de tous les citoyens qui, depuis Harmodius et Aristogiton, jusqu'aux amis de Paul Ier de Russie, engagèrent précisément ce tournoi que Georges Cadoudal proposait au premier consul.*
> *Depuis que César a fait un livre, on prétend, cependant, que le poignard de Brutus est un peu moins préconisé dans nos collèges; mais le livre de César est tout jeune, et nous qui fûmes élevés par l'Université dans le respect amoureux de l'homme et de son instrument, nous éprouvons un certain embarras à renier les admirations qui nous furent imposées:*
> *«En plein sénat, messieurs!»*
> *Et applaudissez, ou gare la retenue!*
> *Un jour viendra peut-être où l'Université, convertie à des sentiments moins féroces, aidera César à corriger les épreuves de son livre. Espérons que, ce jour-là, le poignard de Brutus, définitivement mis a la retraite, se rouillera dans les greniers d'académie. Ainsi soit-il!"*
> (Paul Féval, *La vampire*, cap. "*VI - La maison isolée*")[1]

1. David et la dualité visuelle

> *"Le procès Corday se situe donc à un moment charnière, où l'on cherche à ajuster les nouvelles institutions à la nation. D'où le respect scrupuleux de la liturgie et l'attente de signes légitimant la justice rendue."*[2]

L'intérêt de David pour la correspondance iconographique et thématique, pour les diptyques, se ressent, non seulement entre l'évocation des deux morts, de Marat et de Louis Michel le Peletier de Saint-Fargeau[3], tous deux assassinés la même année[4], dans ses deux tableaux, tous deux installés dans la Salle des Scéances de la Convention Nationale, et retirés en 1795, pour être retournés à l'artiste[5], mais aussi dans *Le Serment des Horaces* (1785)[6] et l'inachevé *Serment du Jeu de Paume* (1790-1794). En effet, alors que le modèle romain rend hommage au sacrifice, déjà immortalisé par Corneille, des Horaces pour sauver la cité de Rome, le serment du Jeu de Paume rappelle l'union des députés des États Généraux en 1789 contre les pressions de Louis XVI pour élaborer une Constitution.

On connaît aussi l'anecdote qui associe *Léonidas aux Thermopyles* (1814) et le *Bonaparte franchissant le Grand-Saint-Bernard* (1803):

"*Bonaparte avait quitté l'Egypte, et après le 18 brumaire (1798) an vin, s'était emparé des rênes du gouvernement. Il était premier consul de la république française.*
David ne tarda pas à faire acte de soumission entre les mains du nouveau chef de l'Etat. Cependant, pour ne laisser ignorer aucune des oscillations qui agitaient continuellement l'esprit de cet artiste, il faut dire que dans la solitude de son atelier, et l'imagination échauffée par le dévouement des trois cents Spartiates dont il retraçait l'histoire, ses vieilles idées républicaines reprenaient souvent le dessus. «Je veux au moins, disait-il quand il était content de son ouvrage, montrer mon patriotisme sur la toile.» C'était à peu près la disposition d'esprit ou il se trouvait, lorsque la révolution du 18 brumaire s'accomplit.
Ce fut précisément Etienne qui vint lui raconter comment les choses s'étaient passées à Saint-Cloud, la fuite des deux conseils et la réussite du nouveau César. «Allons, dit David, j'avais toujours bien pensé que nous n'étions pas assez vertueux pour être républicains.... Causa.... diisplacuit.... Comment donc est la fin, Etienne? — Victrix causa diis placuit sed vida Catoni. — C'est ça même, mon bon ami. Sed victa Catoni, répéta-t-il plusieurs fois, en lâchant à chaque reprise une bouffée de fumée de sa pipe, qu'il tenait en ce moment.»
Soit par admiration sincère pour le mérite de David, soit par un instinct prophétique qui lui faisait deviner l'emploi qu'il pourrait faire des talents de cet artiste, Bonaparte lui témoigna toujours de la bienveillance. On n'a pas oublié l'asile qu'il lui offrit à son armée, lors des troubles qui précédèrent la journée du 18 fructidor; le peintre des Horaces fut également un des

personnages célèbres qu'il attira près de lui dès les premiers jours du consulat. C'était ordinairement à l'heure de son déjeuner que le premier consul entretenait David. Lorsqu'on organisa les autorités nationales d'après la nouvelle constitution, Bonaparte dit un jour à l'artiste: «qu'il avait mieux aimé le laisser à ses pinceaux que de lui donner une place. — Je n'en ai point de regret, répondit David, le temps et les événements m'ont appris que ma place est dans mon atelier. J'ai toujours un grand amour pour mon art, je m'en occupe avec passion, je veux m'y livrer exclusivement. D'ailleurs, les places passent, et j'espère que mes ouvrages resteront.»

Le pouvoir du premier consul était trop loin d'être tel que Bonaparte le convoitait, pour que cet homme donnât encore beaucoup de temps à des projets dont il ne devait s'occuper qu'un peu plus tard. Sa popularité et sa puissance ayant été bientôt affermies par la victoire de Marengo, à son retour à Paris, il pensa, sérieusement cette fois, à faire faire son portrait par David. Il fit venir le peintre et l'entretint en présence du ministre de l'intérieur, Lucien Bonaparte, son frère.

«Que faites-vous en ce moment? lui demanda le premier consul.

— Je travaille au tableau du Passage des Thermopyles.

— Tant pis; vous avez tort, David, de vous fatiguer à peindre des vaincus.

— Mais, citoyen consul, ces vaincus sont autant de héros qui meurent pour la patrie, et, malgré leur défaite, ils ont repoussé pendant plus de cent ans les Perses de la Grèce.

— N'importe, le seul nom de Léonidas est venu jusqu'à nous. Tout le reste est perdu pour l'histoire.

— Tout, interrompit David.... excepté cette noble résistance à une armée innombrable. Tout!... excepté leur dévouement, auquel leur nom ne saurait ajouter. Tout!.... excepté les usages, les mœurs austères des Lacédémoniens, dont il est utile de rappeler le souvenir à des soldats.»

Ce fut à la suite de cet entretien que le premier consul manifesta à David le désir qu'il peignît son portrait. Le peintre attendait depuis longtemps l'occasion de s'occuper de cel ouvrage; il accepta avec empressement, témoigna l'intention de commencer aussitôt, cl pria le premier consul de lui indiquer le jour où il viendrait poser. «Poser? dit Bonaparte qui avait déjà laissé voir auparavant combien ce genre de contrainte lui était désagréable, à quoi bon? Croyez-vous que les grands hommes de l'antiquité dont nous avons les images aient posé?

— Mais je vous peins pour votre siècle, pour des hommes qui vous ont vu, qui vous connaissent; ils voudront vous trouver ressemblant.

— Ressemblant? ce n'est pas l'exactitude des traits, un petit pois sur le nez, qui font la ressemblance. C'est le caractère de la physionomie, ce qui l'anime, qu'il faut peindre.

— L'un n'empêche pas l'autre.

— Certainement Alexandre n'a jamais posé devant Apelles. Personne ne s'informe si les portraits des grands hommes sont ressemblants. Il suffit que leur génie y vive.

— Vous m'apprenez l'art de peindre, dit David, après cette observation.

— Vous plaisantez; comment?

— Oui, je n'avais pas encore envisagé la peinture sous ce rapport. Vous avez raison, citoyen premier consul; eh bien! vous ne poserez pas. Laissez-moi faire, je vous peindrai sans cela.»

David sortit du cabinet de Bonaparte avec Lucien son frère, qui revint sur le tableau du Passage desThermopyles et dit enfin à l'artiste: «Voyez-vous, mon cher, il n'aime que les

sujets nationaux, parce qu'il s'y trouve pour quelque chose. C'est son faillie; il n'est pas fiché que l'on parle de lui.»
Plusieurs fois Bonaparte avait trouvé l'occasion, en s'entretenant avec David, de lui dire que s'il le peignait, il voudrait être représenté calme sur un cheval fougueux. Le peintre combina cette idée avec le passage des Alpes par Bonaparte, et arrêta la composition du portrait équestre de ce célèbre personnage."[7]

À présent, la toile de David représentant *La mort de Marat* (1793) a été rapproché, par Thomas Crow par exemple[8], du *Christ mort soutenu par la Vierge* de Girodet, assumant une complexe identification bipartite entre Marat-Jésus et la Vierge-David. Si la position du bras du Christ mort est bien similaire à celle du Marat de David, c'est plus généralement celle des Christ de *Pietà*, dont on citera l'exemple le plus beau et le plus célèbre: celui du Maître Michel-Ange. Ce qui, en tout cas, induit à penser que le geste n'est pas gratuit, et qu'il contient en lui un symbolisme similaire à celui que l'on peut soupçonner des Christ défunts, inverse de celui des Christ au geste indiquant le ciel, auxquels Rudolf Wittkower[9] a dédié un notable article sur l'art du Greco.

En ce sens d'opposition ou de correspondance entre symbolisme chrétien et révolutionnaire, a été noté la superposition entre le nom chrétien de Marie-Anne Charlotte Corday et la date de l'ancien calendrier de sa lettre, et celle d'"*AN DEUX*" apposée au tableau par David[10].

Mais, curieusement, personne ne semble s'être vraiment intéressé au détail de la complexité du tableau[11], commandé à David[12] par les sectionnaires parisiens, pour l'état de putréfaction du cadavre[13], favorisé par l'époque de l'année et "*l'effet des grandes chaleurs*"[14]. Par conséquent, il semble que le visage féminin, de "*baigneuse*", de Marat[15], la pose christique du révolutionnaire ou les oppositions textuelles dans le tableau semblent, à notre sens secondaires, si l'on ne se pose pas, d'abord, la question de pourquoi et comment David arriva à représenter une simple pose dans les conditions difficiles de l'état du cadavre.

Poser cela comme prémisse méthodologique, et associer aux deux éléments précédemment induits: l'équivalence diptyque des oeuvres de

David, et le symbolisme iconographique historique du geste, nous obtenons une identiquement double possibilité d'interprétation: l'hypothèse que l'oeuvre de David évoque Marat depuis un autre point de vue (ce que les interprètes ont déjà supposé, en le rapprochant de baigneuses ou du Christ mort), et celle, rapprochée du cas des deux *Serment*(s) peints par David, d'une origine, non pas tant iconographique (bien qu'elle nous serve), visuelle et chrétienne (puisqu'en même temps, l'on postule son rejet par l'évidence textuelle dans le tableau), sinon textuelle, politique et romaine, dans une autre mort.

De fait, les diverses images de la mort de Marat de l'époque qui ne sont pas de David le représentent comme un corps vide, avec la marque d'un coup de couteau, les bras le long du corps[16].

A été noté que David évite le passage de la lettre de Corday en référence à son époux et leurs cinq enfants[17].

2. La question iconographique et l'assomption d'un mouvement
2.1. La tête de Marat

Le problème historique de la mort de Marat a caché le problème iconographique.

En premier lieu, évidemment, le bras qui pend hors du bain, en outre d'évoquer la tension physique des derniers moments du révolutionnaire (tentant d'échapper aux coups funestes), permet au peintre d'introduire, nous ne saurions dire, comme l'ont exposé d'autres interprètes, David lui-même en Vierge immanente et sustitutive, mais sans aucun doute la figure de la meurtrière, par le biais du mot qu'elle lui remit avant de l'assassiner. Il y a donc bien, implicitement, dans cette toile, deux personnages: Marat mort, et Corday, dénotée[18] à la fois par la conséquence de son geste (l'homme mort dans sa baignoire) et par sa prémisse (la remise de la lettre de recommandation). Dit autrement, ici, par l'intelligence formelle du peintre, le langage iconograpique le plus basique, sans renvoyer à rien d'autre qu'au moment même relaté, exprime son sens, et en présente les protagonistes opposés.

Ainsi nous semble-t-il qu'une explication plus pragmatique, et dogmatique, que juste symbolique et référentielle, peut être trouvée à la beauté androgyne du révolutionnaire (déjà notée en ce sens par Baudelaire[19]) dans la toile de David, comme récit implicite d'opposition aux beautés mystiques de sa meurtrière:

> *"Chez certains le doute s'insinue sur la légitimité de la sentence: même la presse montagnarde reste un peu perplexe devant le courage serein de Corday49. Plusieurs légendes sont nées de cette disjonction, que l'historiographie n'a pas assez lues sous leur forme allégorique. La question de la beauté de Charlotte Corday, souvent mise en avant, en fait partie. Ces jugements de goût, encore trop pris pour des témoignages fiables d'une «beauté réelle», sont en fait liés au spectacle d'un corps triomphant contre toute attente, alors même que celui de Marat s'était décomposé aux yeux de tous, nécessitant l'abrègement de son apothéose. Autre exemple: dès le soir du 13 juillet, on murmure dans les assemblées de section qu'une épidémie de peste se répand dans Paris50; avec Corday l'aristocrate, c'est tout l'Ancien Régime qui revient, suivi par son cortège de peurs collectives liées aux châtiments divins. De même, un orage aurait éclaté lors de l'exécution51. Outre la référence biblique explicite, il procède de la sacralité des signes atmosphériques accompagnant les événements historiques. Au Moyen Age, la pluie ou la foudre annonçaient la protection ou le châtiment de Dieu. L'orage du 17 juillet n'est pas une pure invention: il a bien plu ce jour-là, mais au nord de Paris, et non sur la place de la Révolution. Il ne faut donc pas voir dans cette légende une volonté consciente de falsifier l'histoire, mais bien plutôt la nécessité de trouver un sens à la Révolution: les producteurs de ces légendes sont eux-mêmes pris dans un système de représentations dont ils dépendent inconsciemment. Les brochures aussitôt publiées et les journaux, reprennent ici le ton des occasionnels des siècles précédents, consacrés aux événements transgressant les lois naturelles."*[20]

Ce qui correspond aussi à une réaction face aux incertitudes soulevées par le procès, et aux deux bandes idéologiques qui s'y retrouvent face à face, d'un côté, celle qui idéalise l'assassine, et de l'autre celle qui défend la victime, dans une opposition de codes iconographiques respectifs[21].

Non seulement Corday demande que soit fait son portrait le jour suivant de son premier interrogatoire, bien que sans succès, mais elle crée certaine connivence avec le portraitiste de son procès:

"*La demande rejetée, elle facilite la réalisation du portrait le plus fidèle, réalisé par Jean-Jaques Hauer. Mené par la rumeur chez Marat juste après l'assassinat, ce garde national décide d'assister au procès et de dessiner Corday, qui, le remarquant, se serait tournée vers lui. Le peintre a ensuite revendiqué une connivence réciproque. Le tableau en porte l'empreinte, dans la tradition physiognomonique: les traits y sont censés refléter l'âme du modèle.../...*
La vraie fausse Lettre à Barbaroux est un autre moyen trouvé par Corday pour détourner la censure. Écrite en prison, habituellement crue comme une confession sincère révélant son inconséquence et sa légèreté d'esprit, elle procède en réalité d'une véritable stratégie. Jouant sur les représentations sociales dominantes qui font du genre épistolaire un apanage féminin, Corday prétexte une correspondance privée pour faire passer sans risque un certain nombre de messages politiques. L'historiographie a parfois été déroutée par l'aspect bric-à-brac de la lettre, qui commence par le récit picaresque de son voyage à Paris, ponctué par les vaines tentatives de séduction d'un compagnon de route. Ce passage révèle la culture aristocratique de Corday, qui excelle dans l'art très codifié de la conversation de salon et le recyclage de scènes empruntées à la littérature galante (scène de sérénade sous une fenêtre). Il lui permet aussi de tromper ses censeurs et de leur faire croire à la dimension privée de la missive. Mais il lui fournit aussi l'occasion de se positionner comme femme (c'est sur toute une culture virile qu'elle ironise) et comme révolutionnaire modérée (ses compagnons de route montagnards sont ridiculisés). Enfin, cet épisode en apparence sans intérêt traduit une certaine distanciation ironique vis-à-vis de son la littérature d'édification par la structure narrative et les fonctions symboliques du conte (Le Petit Chaperon Rouge, La Belle et la Bête), est donc aussi élaboré par Corday elle-même. Dans le reste de la lettre, elle développe son idéologie complexe, proche de celle des Girondins, issue d'une contre-révolution modérée liée à son entourage familial, mais qui a rejoint la révolte girondine par culture du compromis et du légalisme. Plusieurs fois, Corday se présente comme le fer de lance des troupes fédéralistes en marche vers Paris. Le 13 juillet correspond en effet à l'offensive partie de Caen; par inexpérience, elle n'en devine peut-être pas la faiblesse, et elle n'imagine pas les condamner en assassinant Marat. La question de la naïveté de l'attentat, souvent avancée pour disqualifier Corday comme objet historique, nous paraît téléologique: elle procède d'un jugement a posteriori et souligne la persistance d'une vision positiviste d'un progrès consciemment orienté par les actions de grands hommes, écartant les «perdants» et outsiders."[22]

2.2. Le geste de Marat

La description du XIXème siècle de l'assassinat, à partir des documents de l'époque, notamment de l'acte d'arrestation, met en évidence une série d'éléments, que nous avons par ailleurs déjà notés, comme le sont la disposition du cadavre, hors de la baignoire (pour la question du choix iconographique de David), l'endroit où attend Corday (pour son immanence dans la peinture par la lettre), le geste de la main dans le geste d'écriture de Marat face à Corday (qui renvoie à la relation duelle imposée dans la peinture de David entre le Marat mourant et l'invisible Corday), éléments auxquels s'ajoutent brusquement la caractéristique d'évocation romaine du conflit, aussi bien dans les termes choisis pour opposer la "*Romaine*" au "*tribun*" que dans l'invective de Corday lorsqu'elle cite Voltaire:

"*Le jeudi, 11 juillet, elle arriva à Paris vers midi. On lui avait parlé, à Caen, d'un hôtel de la Providence, rue des Vieux-Augustins; elle s'y fit conduire. Fatiguée du voyage, elle se coucha vers cinq heures, et dormit jusqu'au lendemain, huit heures du matin, du sommeil le plus paisible. Le 12, elle se fit conduire chez Duperret. Ce député était sorti; elle ne trouva que ses filles, auxquelles elle remit le paquet et la lettre de recommandation de Barbaroux. Le soir, elle revint; mais Duperret ne put la conduire que le lendemain au ministère. Le lendemain, elle trouva Duperret indécis, inquiet. La veille au soir, on avait mis les scellés sur ses papiers. Tout annonçait une recrudescence de persécution contre les Girondins encore libres. Duperret fit observer à Charlotte que sa recommandation, en un pareil moment, serait plus nuisible qu'utile; d'ailleurs, Charlotte n'avait pas de procuration de Mme Forbin. Charlotte, après une visite inutile aux bureaux du ministère, renonça à s'occuper plus longtemps des intérêts de son amie. Elle ne pensa plus qu'à son projet.*
Elle avait eu d'abord l'idée de frapper Marat sur les bancs mêmes de la Convention. Elle eût dans ce cas, détruit tout papier qui pût la faire reconnaître, et elle espérait mourir inconnue, déchirée par les Montagnards et par le peuple. Mais Marat boudait alors la Convention, et n'assistait pas aux séances. Il jouait la comédie de l'abstention menaçante; il se contentait de pousser, dans sa feuille, la populace à tous les excès, de prouver sa puissance du fond de sa retraite, et d'écrire à la Convention et aux Jacobins des lettres folles d'orgueil sinistre et de projets sanguinaires.
Charlotte se décida donc à mourir le front haut, proclamant son nom et revendiquant la gloire de son crime. Elle se fit conduire au Palais-Royal, y acheta pour quarante sous, chez un coutelier, un
fort couteau à découper, à manche d'ébène, et mis à la poste la lettre suivante:
«Au citoyen Marat.
«Paris, ta juillet, l'an II de la République. «Citoyen,
a J'arrive de Caen. Votre amour pour la patrie me fait présumer que vous connaîtrez avec plaisir les malheureux événements de cette partie de la République. Je me présenterai chez vous vers une heure. Ayez la bonté de me recevoir et de m'accorder un moment d'entretien: je vous mettrai à même de rendre un grand service à la France. «Je suis, etc.
a Charlotte Corday.»
Vers midi et demi, elle prit une voiture, et se lit conduire rue des Cordeliers, no 20, aujourd'hui rue de l'Ecole de Médecine. C'est là qu'habitait Marat.

Charlotte Corday ne fut pas reçue. Elle revint rue des Vieux-Augustins, et écrivit un nouveau billet, qu'elle résolut de porter le soir. Il était ainsi conçu:
«Au citoyen Marat.
«Paris, 12 juillet.
«Je vous ai écrit ce matin, Marat. Avez-vous reçu ma lettre? Je ne puis le croire, puisqu'on m'a refusé votre porte. J'espère que demain vous m'accorderez une entrevue. Je vous le répète, j'arrive de Caen. J'ai à vous révéler les secrets les plus importants pour le salut de la République. D'ailleurs je suis persécutée pour la cause de la liberté; je suis malheureuse: il suffit que je le sois pour avoir droit à votre protection.
a Charlotte Corday.»
Puis, pour occuper ses loisirs, elle écrivit la pièce suivante:
«Adresse aux Français amis des lois et de la Paix.
a Jusqu'à quand, ô malheureux Français, vous plairez-vous dans le trouble et dans les divisions? Assez et trop longtemps des factieux, des scélérats, ont mis l'intérêt de leur ambition à la place de l'intérêt général: pourquoi, victimes de leur fureur, vous anéantir vous-mêmes, pour établir le désir de leur tyrannie sur les ruines de la France?
«Les factions éclatent de toutes parts, la Montagne triomphe par le crime et l'oppression, quelques monstres abreuvés de notre sang conduisent ses détestables complots... Nous travaillons à notre propre perte avec plus de zèle et d'énergie que l'on n'en mit jamais à conquérir la liberté. O Français, encore un peu de temps, et il ne restera de vous que le souvenir de votre existence!
a Déjà les départements, indignés, marchent sur Paris; déjà le feu de la discorde et de la guerre civile embrase la moitié de ce vaste empire; il est encore un moyen de l'éteindre, mais ce moyen doit être prompt. Déjà le plus vil des scélérats, Marat, dont le nom seul présente l'image de tous les crimes, en tombant sous le fer vengeur, ébranle la Montagne et fait pâlir Danton, Robespierre, ces autres brigands assis sur ce trône sanglant, environnés de la foudre, que les dieux vengeurs de l'humanité ne suspendent sans doute que pour rendre leur chute plus éclatante, et pour effrayer tous ceux qui seraient tentés d'établir leur fortune sur les ruines des peuples abusés!
«Français! Vous connaissez vos ennemis, levez-vous! marchez! que la Montagne anéantie ne laisse plus que des frères, des amis! J'ignore si le ciel nous réserve un gouvernement républicain, mais il ne peut nous donner un Montagnard pour maître que dans l'excès de ses vengeances... Ô France! ton repos dépend de l'exécution des lois: je n'y porte pas atteinte en tuant Marat: condamné par l'univers, il est hors la loi. Quel tribunal me jugera? Si je suis coupable, Alcide l'était donc lorsqu'il détruisait les monstres...
«Ô ma patrie! tes infortunes déchirent mon cœur; je ne puis t'offrir que ma vie! et je rends grâces au ciel de la liberté que j'ai d'en disposer; personne ne perdra par ma mort; je n'imiterai point Paris en me tuant. Je veux que mon dernier soupir soit utile à mes concitoyens, que ma tête, portée dans Paris, soit un signe de ralliement pour tous les amis des lois! Que la Montagne chancelante voie sa perte écrite avec mon sang! Que je sois leur dernière victime, et que l'univers venge déclare que j'ai bien mérité de l'humanité! Au reste, si l'on voyait ma conduite d'un autre œil, je m'en inquiète peu.

Qu'à l'univers surpris cette grande action
Soit un objet d'horreur ou d'admiration.
Mon esprit, peu jaloux de vivre eu la mémoire,
Ne considère point le reproche ou la gloire:
Toujours indépendant et toujours citoyen,
Mon devoir me suffit, tout le reste n'est rien.
Allez, ne songez plus qu'à sortir d'esclavage (NOTE i: Voltaire, la Mort de César,).
«*Mes parents et mes amis ne doivent point être inquiétés; personne ne savait mes projets. Je joins mon extrait de baptême à cette adresse pour montrer ce que peut la plus faible main conduite par un entier dévouement. Si je ne réussis pas dans mon entreprise, Français, je vous ai montré le chemin; vous connaissez vos ennemis: levez-vous! Marchez! Frappez!*»
Ensuite, Charlotte s'habilla le plus décemment qu'elle put, toujours simplement, selon son habitude. Elle revêtit une robe blanche, couvrit sa poitrine d'un fichu de soie blanc, replié à la ceinture et s'attachant derrière la taille. Elle se coiffa de la coiffe normande, à dentelles flottantes, serrée sur la tête par un large ruban vert, et qui laissait échapper sur son col et sur sa nuque les boucles abondantes de ses beaux cheveux.
Elle arriva rue des Cordeliers vers sept heures et demie. La portière lui refusa l'entrée: elle passa, sans tenir compte de ses protestations. Marat demeurait au premier étage. Dans l'antichambre, Charlotte trouva une fille, Catherine Evrard, connue sous le nom d'Albertine Marat. Le tribun, disait Chaumette, l'avait épousée, par un beau jour de soleil, à l'autel de la nature. La fille Evrard faisait bonne garde autour de la bête fauve dont elle s'était faite la compagne. Elle repoussa obstinément la jeune femme. Charlotte insista, et comme Marat, du fond d'une pièce voisine, entendit l'altercation et devina, au timbre de la voix, la Normande au billet, il cria qu'on la laissât entrer. Charlotte entra. Elle traversa une petite pièce pauvrement meublée, comme tout ce galetas, dans lequel l'Ami du Peuple étalait orgueilleusement sa pauvreté. Dans une seconde pièce adjacente, elle vit une baignoire, et, dans cette baignoire, le buste nu d'un nain aux épaules étroites, à la poitrine velue, semée de taches rouges, aux traits hagards, au front fuyant, coiffé d'un mouchoir rouge. C'était Marat. Le monstre cherchait à rafraîchir son corps brûlé de lèpre: sur la baignoire, était placée en travers une planche raboteuse, sur laquelle sa main de singe écrivait fiévreusement quelque dénonciation nouvelle. A côté de la baignoire, un bloc de bois à peine équarri supportait un encrier de plomb, des plumes, du papier.
Marat jeta un regard sur la belle jeune fille, dont les chastes yeux s'étaient baissés de dégoût et d'horreur. Il l'interrogea rapidement sur les députés proscrits qui se trouvaient alors à Caen, sur les administrateurs du Calvados et de l'Eure, sur les officiers de Wimpffen. Charlotte dit leurs noms, et il les écrivit à la hâte. Elle, cependant, portait la main à son fichu, sous lequel était caché le couteau dans sa gaine. Quand il eut écrit: — «*C'est bien, citoyenne, dit-il de sa voix rauque et sépulcrale; d'ici à peu de jours, je les ferai guillotiner à Paris.*»
Cela la décida. Elle tira le couteau, l'arme brilla et s'enfonça vigoureusement dans le cou du tribun, près de la clavicule droite. Le sang jaillit à flots, l'homme s'affaissa, la tête pendante, et sa voix expirante cria ces mots: À moi! ma chère amie, à moi!»

Charlotte n'entendit pas. La Romaine avait fait place à la jeune fille. Ce sang, cette tête hideuse, convulsée par la mort, l'avaient frappée d'une terreur toute physique. Elle se réfugia, pour ne plus voir, dans l'antichambre, derrière un grand rideau de mousseline.
La fille Evrard, cependant, avait entendu l'appel suprême. Elle se précipita, courut à la baignoire, et vit Marat qui, la tête pendante, la bouche ouverte, la regardait de ses yeux mourants, sans proférer une parole. Elle vit le sang, elle vit le couteau. Alors, comme une hyène enragée, elle courut à l'antichambre. Elle se croisa avec Laurent Basse, le commissionnaire de Marat, en ce moment occupé à plier des journaux dans l'antichambre. Elle chercha, et aperçut Charlotte, debout, derrière le rideau transparent. Elle la saisit à la tête, en criant. Basse, de son côté, avait vu aussi. Il sortit du cabinet, criant: Au secours !et, voyant la lutte des deux femmes, il jeta quelques chaises contre la porte de sortie, pour la barricader; puis, prenant une chaise à la main, il en frappa Charlotte à la tête.
La portière, une cuisinière, un dentiste qui demeurait dans la maison, accoururent au bruit, mêlant leurs cris à ceux de Basse et de la fille Evrard. En quelques minutes, la rue des Cordeliers fut pleine de gens qui criaient: On assassine Marat! Quelques gardes nationaux du poste du Théâtre Français accoururent, s'emparèrent des issues, montèrent et saisirent aux mains la jeune femme, qu'ils arrachèrent aux coups et aux menaces de mort. Ils essayèrent d'abord de la conduire au poste; mais les cris furieux du peuple leur firent comprendre qu'elle n'y arriverait pas vivante. Elle, remise de son horreur première, marchait, calme, au devant de la mort. Les gardes nationaux ne voulurent pas être complices de ce sacrifice, et la firent remonter.
Bientôt, le commissaire Guellard-Dumesnil arriva, et dressa procès-verbal. Nous reproduisons, sans y rien changer, ce document, qu'un excellent recueil, la Revue Rétrospective (II "Série, tome 2"), a publié sous le titre de: Procès-verbaux d'arrestation et de premier interrogatoire de Charlotte Corday:
L'an deuxième de la République Française, le samedi 13 juillet, sept heures trois quarts de relevée; nous, Jacques-Philibert Guellard, commissaire de police de la section du Théâtre-Français (1), instruit par la clameur publique qu'il y avait un grand rassemblement dans la rue des Cordeliers, et que ce qui donnait lieu à ce rassemblement était le bruit de l'assassinat commis sur la personne du citoyen Marat, député à la Convention Nationale, nous sommes sur le-champ porté à la maison dudit citoyen Marat, demeurant rue des Cordeliers, n"30 (erreur: c'était 20), où étant monté au premier étage, et entré dans une pièce servant d'antichambre, éclairée d'une croisée ayant vue sur la cour, nous y avons trouvé différents citoyens armés, et une citoyenne dont on tenait les deux mains, et avouait d'avoir porté un coup de couteau' au citoyen Marat, dans l'instant qu'il était au bain, dont on nous a dit que le citoyen Marat était expiré.
Et à l'instant nous étant transporté dans une petite pièce à gauche, ayant vue aussi sur la cour, nous avons aperçu dans une petite pièce adjacente, et où était une baignoire, une grande quantité de sang sur le carreau, et que l'eau de la baignoire était toute teinte de sang qu'avait perdu ledit citoyen Marat.
Etant de suite entré dans une autre pièce, servant de chambre à coucher, et ayant vue sur la rue par deux croisées à grands verres de Bohême, à gauche de la porte où est un lit, nous y avons

trouvé étendu le cadavre dudit Marat, assassiné par un coup de couteau, et auprès du cadavre avons aussi trouvé du sang.

Et par-devant nous est comparu le citoyen Philippe-Jean Pelletan, chirurgien consultant des armées de la République et membre du Comité de Santé, demeurant rue de Touraine, faubourg Saint-Germain."

Lequel nous a dit et fait remarquer que le coup de couteau porté audit Marat a pénétré près la clavicule du côté droit, entre la première et la seconde vraie côte, et cela si profondément, que l'index a fait écart pour pénétrer de toute sa longueur à travers le poumon blessé, et que, d'après la position des organes, il est probable que le tronc des carotides a été ouvert, ce qui indique encore la perte de sang qui a causé la mort, et qui sortait à flots de la plaie, au rapport des assistants. Et a, ledit citoyen Pelletan, signé au présent, à l'effet de constater la véracité dudit rapport.

Pelletan.

Et de suite, nous, commissaire susdit, après avoir donné acte audit Pelletan de ses comparution, dire, rapport et déclaration, avons examiné le cadavre et avons reconnu autant qu'il était en nous la vérité du rapport qui nous avait été fait, et ayant jeté les yeux à côté du cadavre, nous avons trouvé un couteau à manche, en bois d'ébène, dont la lame, toute fraîche remoulue, nous a paru être teinte de sang et avoir été l'instrument avec lequel ledit Marat avait été assassiné dans son bain.

Etant de suite repassé dans la première pièce servant d'antichambre, où nous avions d'abord trouvé la femme prévenue d'avoir commis cet assassinat;..."[23]

Or, iconographiquement, dans un premier temps, l'on peut facilement, du moins à aussi juste titre qu'a été rapproché le bras pendant de Marat de celui du Christ de Girodet, rapprocher le geste de Marat, en partant de cette description, du geste de défense de César contre ses bourreaux dans La Mort de César, par Vincenzo Camuccini[24], bien que cette oeuvre soit quelque peu postérieure au Marat, puisque peinte en 1798.

Toutefois, la littérature viendra à notre secours, puisque c'est dans la *Vie des douze Césars* de Suétone (Livre I, LXXXII[25]), lequel tente de toucher le lecteur en l'invitant à prendre part pour César contre les conjurés, que la description du geste permet à Camuccini de le représenter:

"Tandis qu'il s'asseyait, les conjurés l'entourèrent, sous prétexte de lui rendre hommage, et tout de suite Tillius Cimber, qui s'était chargé du premier rôle, s'approcha davantage, comme pour

lui demander une faveur; mais César faisant un signe de refus et le renvoyant à un autre moment, Tillius saisit sa toge aux deux épaules; alors, comme César s'écriait: «Cette fois, c'est de la violence!» l'un des deux Casca le blesse par derrière, un peu au-dessous de la gorge. César, lui ayant saisi le bras, le transperça de son poinçon, et essaya de s'élancer en avant, mais il fut arrêté par une autre blessure. S'apercevant alors que de toutes parts on l'attaquait, il enroula sa toge autour de sa tête, tandis que de sa main gauche il en faisait glisser les plis jusqu'au bas de ses jambes, pour tomber avec plus de décence, le corps voilé jusqu'en bas. Il fut ainsi percé de vingt-trois blessures, n'ayant poussé qu'un gémissement au premier coup, sans une parole; pourtant, d'après certains, il aurait dit à Marcus Brutus qui se précipitait sur lui: «Toi aussi, mon fils!» Tous s'enfuyant en désordre, assez longtemps il resta sur le sol, privé de vie, puis on le déposa sur une civière, un bras pendant, et trois simples esclaves le rapportèrent chez lui. Or, parmi tant de blessures, d'après le médecin Antistius, il ne s'en trouva pas de mortelle, excepté celle qu'il avait reçue à la poitrine, en second lieu."[26]

On notera ici que l'épisode, en ce qui concerne le geste de César, se décompose ainsi, dans la perspective de connivence et d'empathie recherchée, en deux: d'abord, le bras tendu en acte de défense, puis le bras pendant, en signe de reddition finale et totale.

Ce n'est pas la première référence que l'on peut induire à César dans le court temps précédant le meurtre du "*tribun*". Elle apparaît, en référence à la même pièce de Voltaire, dans le débat autour du pamphlet *C'en est fait de nous*[27] (27 juillet 1790), sous la plume de Camille Desmoulins, tentant de se défendre d'y avoir participé[28]:

"*Un numéro extraordinaire de M. Marat, (c'est-à-dire, publié sous son nom, le 26 juillet) intitulé: C'en est fait de nous, avoit fait du bruit, et non pas de l'effet; car, si je voulois prouver combien est faux le mot que Voltaire a dit si souvent, qu'il n'est pas question chez les Français, de frapper juste, mais de frapper fort, je citerois M. Marat, Ce Marat, vrai ou faux, rouloit sur trois points: 1°. Une exposition de la conjuration Maillebois, ou Savardin ou Guignard, comme on voudra, 2°. Une dénonciation du comité des recherches, et notamment de M. Garran de Coulon, laquelle m'avoit tellement indigné, que je courus sur-le-champ chez Marat, m'exclamer: qu'il gâtoit la bonne cause, qu'il nous perdoit avec son intempérance de patriotisme, que puisqu'il venoit de dénoncer le plus homme de bien que j'eusse rencontré de ma vie, notre Caton, M. Garran, je ne l'appellerois plus de divin Marat. 3°. Une adresse à tous les citoyens. Je me garderai bien de dire mon avis sur le préambule et le vu de dette adresse, où véritablement il y avoit du bon. Voici les conclusions et le ce considéré qui a fait tant de vacarme, et que je dois transcrire pour l'instruction du procès: à ces causes, citoyens, volez à St. Cloud, s'il en est temps encore. Ramenez le Roi et le Dauphin en vos murs. Tenez-les sous bonne et sûre garde; renfermez l'autrichienne et son beau-frère, qu'ils ne puissent plus conspirer. Saisissez-vous de tous les ministres et de leurs commis. Mettez-les aux fers. Assurez-vous du chef de la municipalité et des lieutenans de maire. Gardez à vue le général; arrêtez l'état-major. Enlevez le parc d'artillerie de la rue Verte; emparez-vous de tous les magasins à poudre; que les canons soient répartis entre tous les districts; que tous les districts se rétablissent et soient à jamais permanens; qu'ils fassent révoquer les funestes décrets: courez, courez,, ou bientôt de nombreuses légions fondront sur vous, bientôt vous verrez les ordres privilégiés se relever, le despotisme reparaître plus formidable que jamais. .... cinq à six cens têtes abattues vous auroient assuré repos, liberté et bonheur, etc.*

M. Marat, lui dis-je, en secouant la tête, mon cher Marat, vous vous ferez de mauvaises affaires, et vous serez obligé de mettre une seconde; fois la mer entre le Châtelet et vous. Cinq à six cents têtes abattues! vous m'avouerez que cela est trop fort. Vous êtes le Dramaturge des journalistes. Les Danaïdes, les Barmécides ne sont rien en comparaison de vos tragédies. Vous égorgez tous les personnages de la pièce et jusqu'au souffleur. Vous ignorez donc que le tragique outre devient froid. Vous m'allez dire que cinq à six cents têtes abattues ne sont rien, quand il est question de sauver 26 millions d'hommes, que Durosoy, dans sa Gazette de Paris, crie tous les jours aux ci-devant nobles: liguez-vous, prenez les casques, les cuissarts, les épées fouillées de vos pères, égorgez toute la nation; qu'on ne peut vous considérer tout au plus que comme le Durosoy des patriotes, et que la Gazette de Paris est encore bien plus altérée de sang que l'Ami du Peuple. J'en conviens, et ne vous en improuve pas moins. M. Marat, ne voulez-vous aussi combattre celui que vous appeliez Sylla, que comme Marius? Cinq à six cents têtes abattues! c'est vraiment une proscription. Je sais bien que vos tables de proscription n'ôteront pas à un seul aristocrate un cheveu de sa tête; je sais encore qu'il y auroit bien cinq à six cents personnes à pendre légalement; mais je crois que tant de monde bon à pendre, n'est pas également bon à lanterner: du moins devriez-vous faire un appel nominal de ces cinq à six cents coquins, afin de ne point répandre la consternation dans toutes les familles. Pour moi, vous savez qu'il y a long-temps que j'ai donné ma démission de procureur général de la lanterne; je pense que cette grande charge, comme la dictature, ne doit dîner qu'un jour, et quelquefois qu'une heure. Pardonnez, cher Marat, si ma verte jeunesse donne des conseils à une tête aussi saine que la vôtre, et qui est plus mûrie que la mienne, par les années et par l'expérience, mais vous compromettez véritablement vos amis, et vous les forcerez à rompre avec vous. (Cette conversation, c'étoit, si je m'en souviens, le 29 juillet, que je tenois ces propos à M. Marat, n'est point une histoire fabriquée à plaisir, et il y avoit témoins) voyez, ajoutois-je, comme je suis plus circonspect que vous. Depuis que j'ai compris qu'ils avoient juré ma perte, avez-vous remarqué comme j'évite de donner prise sur moi. Ils m'attendoient au numéro de la fédération et d'après les faits et mes principes, le pas étoit glissant. Mais j'ai vu venir Malouet, la clef de meute, qu'on m'a lâché aux jambes; au lieu de me laisser relancer dans le champ-de-Mars, je l'ai dépisté en parlant du triomphe de Paul Emile, et en le promenant de la porte triomphale à la porte Esquiline et à la porte Cœlimontane. Je n'ai fait que traduire mot à mot, Plutarque. Viennent les noirs quand ils voudront. Je les défie de m'assigner au Châtelet, ou bien il faudra qu'ils fassent assigner aussi Plutarque, Amyot et madame Dacier. Quand le despotisme règne, il ne reste plus aux amis de la liberté, qu'à soulager leur cœur en peignant des temps plus heureux. Voltaire écrit la mort de César. Corneille, celle de Pompée; et Fénélon fait son Télémaque; car le despotisme même n'a jamais été jusqu'à défendre au pinceau de l'historien, ou du poète le tableau des temps antérieurs. M. Marat me laissa pérorer, et me réfuta ensuite d'un seul mot: je DÉSAVOUE: l'écrit C'en est fait de nous: alors ne voulant point lui céder en laconisme, je terminerai ma mercuriale, comme un procureur sa requête; et vous ferez bien."[29]

On relèvera, bien sûr, on ne peut moins faire, l'insistance d'une époque à se considérer comme l'héritière d'un temps qui produisit la République, puis l'Empire, comme ce sera, aussi, postérieurement, le cas de la Révolution française. Dans ce destin évoqué, rien de très original à se représenter le moment historique par le biais du principal stratège et coupable de cette dérive totalitaire dans le monde romain: Jules César lui-même, que Napoléon aimera tant qu'il l'annotera[30].

Le fait que passe la référence à l'état de tensions et de conflits de la Rome de César par le biais de la tragédie de Voltaire n'est pas non plus incompréhensible, puisqu'on sait l'importance de celui-ci pour l'Illustration, le principe du tyran illustré, et que c'est encore dans cette mêmes années que Pigalle réalise, en 1776, par souscription, son *Voltaire nu*, marque de l'importance de l'écrivain pour le siècle, comme penseur et comme éducateur.

Ce qui retient cependant notre attention, c'est que, dans ce cadre, Marat lui-même, dans son *Éloge de Charles de Secondat (Montesquieu)* de 1783[31], évoquera à César comme le coupable de la tyrannie, sa mort en marquant à son tour le début:

"Mais la République destinée à périr fut entraînée au précipice par César, et Rome devint la proye d'un de ses citoyens. Après avoir usurpé le pouvoir suprême, César établit l'impunité de tous les crimes publics, il abolit tout ce qui pouvoit arrêter la corruption des mœurs, il renversa les barrières du vice, et il employa les trésors de l'État à faire taire les loix, à faire souffrir sa tyrannie.
Le gouvernement devenu despotique changea bientôt de maximes. Au lieu de ce Sénat, dont les yeux étoient toujours ouverts sur la gloire de l'État, de ce Sénat qui n'avoit point eu de prospérités dont il n'eût profité, ni de malheurs dont il ne se fût servi. On vit quelques favoris à la

tête du gouvernement, et toutes les affaires publiques furent traitées dans le cabinet du prince, qui, sacrifiant tout à ses passions, songea beaucoup plus à affermir son autorité qu'à veiller au maintien de l'État.
Rome se soutint quelque temps par la force de ses institutions. Au milieu du luxe, de la mollesse et de la volupté, elle avoit conservé une valeur héroïque. Les vertus guerrières lui restoient encore, lorsqu'elle eut perdu toutes les autres; et comme dans les guerres civiles chaque homme est soldat, elle fut même en état de faire de nouvelles conquêtes; mais le nerf de sa puissance étoit détruit.
Après la mort de César, Auguste usurpa l'Empire, et travailla à maintenir la tranquillité de son gouvernement, à établir une servitude durable.
Il rendit les corps de légions éternels, et affecta des fonds pour leur solde: ainsi les armées ne furent plus composées que de mercenaires.
Sous lui se perdit la coutume des triomphes. La maxime du Sénat avoit été d'entretenir constamment la guerre. La maxime des Empereurs fut d'entretenir la paix; ils regardoient les victoires comme des sujets d'inquiétudes; ceux qui commandoient n'osèrent pas même entreprendre de grandes choses, crainte de réveiller la jalousie du tyran. Dans les derniers temps de la République, l'amour de la liberté avoit fait place à l'ambition, à la soif de l'or, à l'amour des plaisirs. Sous le nouveau gouvernement, il fut étouffé dans tous les cœurs par la crainte des attentats de la tyrannie: l'État offroit bien encore l'apparence d'un pouvoir formidable, mais ce n'étoit plus qu'un vaste corps sans liens. Rome ne renfermoit plus qu'un maître et des esclaves.
L'ineptie, la lâcheté et les vices de ces monstres qui régnèrent presque sans interruption depuis Tibère jusqu'à Galba, et depuis Commode jusqu'à Constantin, firent mépriser la puissance de Rome, et précipitèrent la ruine de l'Empire."[32]

3. Marat, César et la République: de Voltaire à David, un cas complexe d'idéologisation du pouvoir

Si Corday s'en remet à l'autorité d'un Voltaire pour son geste, alors que *"la sympathie de l'auteur"* du *"mélodrame historique"*, *"qui eut un énorme succès, jusque sous la Révolution"*, *"ne va pas à la farouche vertu républicaine"*[33], l'exaltation de Brutus comme héros républicain va des Révolutions anglaise et américaine à l'identification César-Napoléon[34], qui raviva les débats dans les traductions de Voltaire, entre exégèse de son intention[35] et préoccupation sur le tyrannicide[36], provoque l'apparition d'une passion pour le modèle du régicide voltairien, associé à l'Apothéose de Voltaire du 11 juillet 1791, saluée par Desmoulins, et l'apparition récurrente de *"légions de tyrannicides"*, demandées, appuyées et promues par l'ensemble des penseurs de l'époque, et renforcées dans leur concept et leur activité par la fuite à Varennes, qui donne aux Cordeliers l'occasion de prêter serment de tyrannicides en vers librement repris des pièces de Voltaire sobre Brutus et sur la mort de César[37].

Nous avons noté dès le début de ce travail l'importance de l'image de Corday comme mère dans la missive donnée à Marat. On note le même principe dans le Brutus de Voltaire[38], qui exprime, par la bouche de Cassius, dans *La mort de César* (Acte II, Scène IV) qu'"*Un vrai républicain n'a pour père et pour fils,/ Que la vertu, les dieux, les lois et son pays*"[39].

La confusion entre les deux Brutus, l'assassin de César dont il est le fils supposé, et du fondateur légendaire de la République romaine, représenté par David en 1789, dans sa toile *Les licteurs rapportent à Brutus les corps de ses fils*, renforce l'importance de la relation morale chez Voltaire et pour l'époque révolutionnaire[40].

"*Au plus fort de la Révolution le souvenir de Brutus s'associe à celui de Marat dans des gravures conçues pour se faire pendant (Paris, Musée Carnavalet), à ceux de Voltaire et de Rousseau dans un tableau anonyme de 1794 (Voltaire et Rousseau honorant l'Être Suprême, ibid.). Voltaire, Brutus: le rapprochement n'allait pas de soi. Après tout le poète avait créé bien d'autres personnages: c'est David qui l'avait imposé, au second jour de la reprise de la tragédie de 1730, le 19 novembre 1790, en faisant placer sur la scène le buste du héros romain, symétriquement affronté à celui de l'auteur.*"[41]

Si l'on accepte que Brutus, défenseur de Rome et assassin de ses fils, est une figure duelle, sauveur de la nation, mais orgueilleux et trop dur, ambivalence perçue de Tite-Live aux auteurs et dictionnaires du XVIIIème siècle, jusqu'à Diderot qui en ferait l'illustration d'un tyran similaire à celui qu'il se proposerait de critiquer en Frédéric II[42], et en reprenant les lettres de David s'expliquant son sa toile représentant Brutus dans la position du père recevant ses enfants[43], dont le sens peut nous permettre de rapprocher le geste du bras de son Brutus de celui du *Fils ingrat* (1777) de Greuze dans la série sur *La Malédiction du père*, alors on peut replacer l'ensemble dans les cycles de David, comme *Le serment des Horaces*: "*d'un côté "la farouche décision d'un homme", de l'autre "la douleur et la tendresse des femmes"*"[44], comme on le trouve aussi chez Greuze, si l'on oppose la tension, identique visuellement et formellement, du bras de la femme dans *Le fils puni* (1777) de la même série, à celle du *Fils prodigue* s'en allant. Cette tranversalité de la représentation renvoie sans doute "*aux grandes vertus que les peintres multipliaient depuis quinze ans au service du Roi*"[45]

Nous retrouvons donc face à un fait iconographique: l'identité formelle entre la mort de César et celle de Marat, mais face à une impossibilité conceptuelle: l'identification entre Marat et le tyran, alors que les indices: la correspondance Brutus-Marat[46] d'une part, Corday-Voltaire de l'autre, et la relation parentale (Corday et ses cinq enfants) ou filiale (Brutus et les siens, vs. Brutus-César), nous renvoient cependant entre les cordes de ce quadrilatère - pour ainsi dire - thématique.

"*La Convention décida qu'elle assisterait aux funérailles de Marat. On choisit pour sa sépulture le jardin des Cordeliers. Il fut déposé sous ces arbres où, pour employer le langage du temps, il avait si souvent enseigné au peuple l'amour de la patrie et des vertus civiques. Son cœur fut remis aux Cordeliers choisis parmi toutes les sections qui avaient sollicité la même faveur. Enfin son buste, avec ceux de Lepeletier et de Brutus, devint la décoration obligée de toute salle servant aux assemblées populaires.*"[47]

C'est chez le Marquis de Sade (29 septembre 1793) que l'on trouvera l'identification la plus claire, bien que par antithèse, entre Brutus et Marat:

"*Scévole, Brutus, votre seul mérite fut de vous armer un moment pour trancher les jours de deux despotes, une heure au plus votre patriotisme a brillé; mais toi, Marat, par quel chemin plus difficile tu parcourus la carrière de l'homme libre! Que d'épines entravèrent ta route avant que d'atteindre le but. C'était au milieu des tyrans que tu nous parlais de liberté; peu faits encore au nom sacré de cette déesse, tu l'adorais avant que nous la connussions; les poignards de Machiavel s'agitaient en tout sens sur ta tête sans que ton front auguste en parût altéré; Scévole et Brutus menaçaient chacun leurs tyrans: ton âme, bien plus grande, voulut immoler à la fois tous ceux qui surchargeaient la terre, et des esclaves t'accusaient d'aimer le sang! Grand homme, c'était le leur que tu voulais répandre; tu ne te montrais prodigue de celui-là que pour épargner celui du peuple; avec autant d'ennemis, comment ne devais-tu pas succomber? Tu désignais les traîtres, la trahison devait te frapper."*[48]

De cette même année de la mort de Marat sont datés des plats en faïence révolutionnaires "*Brutus Marat*", réalisés par A. Cinot[49], les noms entourant symboliquement les attributs de la Révolution: le bonnet phrygien surmontant le glaive, précisément, celui-ci, symbole de guerre, de justice divine et du pouvoir judiciaire[50]: "*glaive... pris contre la Tyrannie*"[51], en cela "*glaive d'Harmodius*"[52], mais, surtout aussi, par le fait, "*poignard de Brutus*"[53], "*glaive Vengeur des Lois*"[54] du Tribunal Révolutionnaire[55], de la Justice[56].

Inversement, Louis Antoine Léon de Saint-Just[57], Alphonse de Lamartine[58], et le drame *Charlotte Corday Tragoedïe* par Jean-Baptiste-Victor Salle[59], entre de nombreux autres[60], identifient celle-ci à Brutus.

Si nous nous reportons au diptyque que forme le Marat avec Lepeletier, nous voyons tout d'abord que la question de cette dualité de la relation État-Nation, tyran-peuple, est présente pour David, qui l'explique d'ailleurs:

"*Mais quoique les travaux de la Convention et ceux du comité d'instruction publique, dont David faisait alors partie, absorbassent presque tous les moments de l'artiste, cependant il trouva le temps de faire le tableau de Michel Lepeletier mort', et le présenta le 29 mars (1793) à la Convention, en s'exprimant ainsi à la tribune:*
«*Citoyens représentants,*
«*Chacun de nous est comptable à la patrie des talents qu'il a reçus de la nature; si la forme est différente, le but doit être le même pour tous. Le vrai patriote doit saisir avec empressement tous les moyens d'éclairer ses concitoyens, et de présenter sans cesse à leurs yeux les traits sublimes d'héroïsme et de vertu.*
«*C'est ce que j'ai tenté de faire dans l'hommage que j'offre en ce moment à la Convention nationale d'un tableau représentant Michel Lepeletier, assassiné lâchement pour avoir voté la mort du tyran.*"[61]

Ainsi:

"La composition du tableau de Michel Lepeletier donne une idée assez juste de ce mélange d'appareil tout à la fois fastueux et sanglant. Le personnage est couché sur un lit. Sa tête est ceinte d'une couronne de laurier, et sa poitrine nue laisse voir une large blessure. Au-dessus du cadavre est une épée dont la forme rappelle celles des gardes du roi, dont Pâris avait fait partie. Cette épée, attachée par un fil, est suspendue sur le sein du mort, et dans la lame est passée une feuille de papier sur laquelle sont écrits ces mots: Je vote la mort du tyran: Au bas du tableau on lit encore: David à Lepeletier, et la date de la mort de ce dernier: 20 janvier 1793."[62]

On voit donc comment la composition des deux tableaux, en particulier en ce qui concerne la dédicace, entre en un jeu de correspondances subtextuelles, dans le cadre d'une référence néo-classique permanente (ici la figure référencée de Pâris).

En outre, alors que l'assassinat de Le Peletier relève du meurtre contre Brutus, celui de Marat relève du meurtre contre le gouvernant:

"Mais cet ouvrage (Les Derniers Moments de Michel Lepeletier), malgré son mérite, le cède cependant au tableau de Marat, que David eut bientôt l'occasion de faire. Ce n'est point ici le cas de reproduire les détails de la mort de cet homme, assassiné comme on sait, dans son bain, par Charlotte Corday, le 13 juillet 1793; mais il est nécessaire de revenir sur une circonstance de la carrière législative de David, qui se rattache à ce dernier événement. Dans le mois d'avril de cette même année, du 3 au 121, Marat, dit l'Ami du peuple, ayant excité l'horreur de la Convention, fut décrété d'accusation par cette assemblée, à la majorité de 220 voix contre 92. Au milieu des débats violents auxquels cette affaire donna lieu, Pétion dit, en jetant un regard terrible sur Marat: «Le moment est venu de chasser de cette enceinte ces hommes audacieux et scélérats qui nous agissent et nous menacent sans cesse du poignard des assassins!... — C'est vous! s'écria Marat avec fureur, c'est vous qui êtes des assassins!»
Ces derniers mots furent couverts par les cris d'indignation qu'ils arrachèrent à presque tous les membres de l'assemblée; mais David, prenant la défense de Marat, s'élança avec précipitation au milieu de la salle, et s'écria: «Je vous demande que vous m'assassiniez...; je suis aussi un homme vertueux.... la liberté triomphera!...»
Cette apostrophe frénétique, jointe aux précédentes, excita la plus vive agitation, et il se passa quelques instants avant que Pétion pût se faire entendre et dire: «Qu'est-ce que prouve l'action de David? Rien, si ce n'est le dévouement d'un honnête homme en délire et trompé par des scélérats.... Tu t'en apercevras, David!... — Jamais,» répondit le peintre. En effet, son erreur se prolongea; elle se changea même en une espèce de culte lorsque son idole, cet ignoble Marat, après avoir été acquitté le 24 avril par jugement du tribunal extraordinaire devant lequel il avait été traduit, fut ramené en triomphe par la populace jusque dans la salle de la Convention."[63]

Cette relation de dualité a bien été notée par Charles Blanc dans son *Histoire de la Révolution française*, à propos des figures de Marat et Corday:

"Lorsque, devant le tribunal révolutionnaire, Charlotte Corday avait dit: «J'ai tué un homme pour en sauver cent mille, a elle ne se doutait pas probablement qu'elle ne faisait en cela que professer la doctrine de Marat lui-même; n'avait-il pas dit, lui aussi, et répété sans cesse qu'il demandait cinq cents têtes pour en sauver cinq cent mille? Sa carrière n'avait-elle pas été, d'un bout à l'autre, déterminée et dominée par cette maxime que proclama si follement, sur son cadavre, celle qui le tua: "Tous les moyens sont bons dans certaines circonstances?"
Oui, de tous les disciples de Marat, le plus illustre fut... Charlotte Corday. Et elle poussa la logique du système jusqu'à assassiner le professeur, en vertu des principes qu'il avait professés! De sorte que Marat périt, victime de la fausseté de ses prétendus axiomes; et, pour que rien ne manquât à ce solennel enseignement, il arriva qu'à son tour, en poignardant Marat, Charlotte Corday, loin d'atteindre son but, poussa au but contraire."[64]

4. La question du premier Brutus

De fait, il est difficile de savoir si David, le chef de file du néoclassicisme célébré sous Louis XVI, devenu peintre de la Révolution puis de l'Empire, a voulu introduire un symbolisme républicain dans *Le Serment des Horaces*.

Toutefois, y illustrant un épisode qui n'apparaît pas dans la pièce de Pierre Corneille qu'il illustre[65], il s'inspire[66] de *The Oath of Brutus*[67] (1763-1767) de Gavin Hamilton (que copiera François-Joseph Navez, avant 1845[68]), qui touche la question de la substitution monarchique, à partir de Tite-Live[69].

La mise en scène du couteau apparaît au-dessus de Lepeletier dans la représentation qu'en donne David, avec, en guise de *motto*: "*Je vote pour la mort du tyran*"[70], martyologie reprise dans *Exposition du corps et couronnement civique de Michel Lepeletier, 24 Janvier 1793, sur le piédestal de tla Statue de Louis XIV sur la Place Vendôme, alors appelée Place des Piques* (Louvre[71]), *Les derniers moments de Michel Lepeletier* ayant été onçu comme un diptyque avec *La mort de Marat* (mort en Juillet 1793); de fait, les deux toiles ont été installées dans la salle de Sessions de la Convention Nationale jusqu'en 1795, quand David les a récupérées et emmenées à Bruxelles[72], Lepeletier, noble assassiné après avoir la mort du roi, devenant en quelque sorte le premier héros et martyr de la Révolution[73].

Le poignard au-dessus du lit, rappelant les glaives[74] des Péchés de l'iconographie des Sept Douleurs[75], fait écho à la représentation de Marat, divinisé par trois processus: d'abord, le bras pendant, similaire d'ailleurs à celui de Lepeletier (comme l'ensemble de la pose générale de chacun des deux révolutionnaires [simplement inversée l'une par rapport à l'autre, la tête de Marat étant à gauche et son corps tendu dans la baignoire vers la droite, pour le spectateur, celle de Lepeletier à droite, reposant son corps dans son lit vers la gauche, toujours pour le spectateur], corps allongé et tête rejetée en arrière, aux yeux fermés), s'inspire de celui du Christ de la *Pietà* (1499[76]) de Michel-Ange; associé à cela, la plaie laissée par le couteau de Corday dans le torse, au côté droit, de Marat rappelle celle laissée par le porte-lance sur celui de Jésus crucifié; finalement, le martyre dans un bain ensanglanté évoque *Le Martyre de Saint Matthieu* (1599-1600[77]) du Caravage[78].

C'est encore autour de la figure d'un autre Brutus, tout aussi hautement symbolique, mais cette fois le fondateur légendaire de la République romaine et l'un des deux premiers consuls romains pour l'année 509 av. J.-C.[79], que David élaborera *Les licteurs rapportent à Brutus les corps de ses fils* (1789), qui manqua de n'être pas présenté au Salon pour engager une réflexion trop proche des troubles du moment[80], puisque l'oeuvre (qui eut une copie, aujourd'hui perdue[81]), comme son titre l'indique, montre le retour des corps des fils de Brutus, que leur père lui-même fit exécuter, pour avoir comploté au rétablissement de la monarchie[82].

Alors que Marat assassiné serre encore dans sa main le message de Corday, Brutus le document qui révèle la trahison de ses fils[83], alors que le poignard au *motto* de David est doublé, dans une copie du Musée Carnavalet (Inv. No P1752)[84], au-dessous du lit du défunt de l'exclamation:

"Je suis vengé
Le Tyran n'est plus"

5. Conclusion: l'expression subjacente de la dualité pour accentuer les vertus de Marat

Au fond, c'est bien, on l'a dit, cette dualité qui définit l'acte de Corday, et cette consubstantialité (visible comme dans la toile *Charlotte Corday* de 1860 de Baudry) qui crée une réaction contrastée et confuse:

"Quelles furent, en effet, les suites?
D'abord, en ce qui touche Marat, de tribun qu'il était il devint martyr.
Qui ne connaît le tableau de David? La tête appuyée sur le bord de son lit, Marat n'a que la poitrine et le bras hors de la baignoire, tout rouge de son sang. Dans une de ses mains est encore la lettre de Charlotte Corday: «Il suffit que je sois malheureuse pour avoir droit à votre protection." Le bras, tombant avec la rigidité du cadavre, tient une plume. Sur un billot accoté à la baignoire, on voit un encrier, un assignat, et un écrit ainsi conçu: "Vous donnerez cet assignat à cette mère de cinq enfants, dont le mari est mort pour la défense de la patrie." Loin de chercher un effet théâtral dans le jeu des lumières et des ombres, David a peint son tableau d'un ton clair, dans une manière rapide et ferme, légère et discrète, ntais avec une vérité saisissante. La tête, cependant, après avoir été dessinée à la plume d'après nature, est idéalisée et sans hideur. Le tableau est d'une simplicité antique; tout y rappelle la pauvreté stoïque du personnage; pas d'autre accessoire que la plume et le couteau! il semble que le peintre, en dessinant la victime, ait évoqué les grandes figures de Sénèque et de Coton. u Marat! disait M David, ah! Celui-là, je l'ai peint du cœur."
Eh bien, qu'on se figure l'effet d'une œuvre pareille exposée pendant plusieurs jours dans la cour du Louvre, sur un autel, avec cette inscription au -dessous: «Ne pouvant le corrompre, ils l'ont assassiné!"
De là un enthousiasme funèbre, dont les transports allèrent jusqu'à la superstition. Marat eut des temples, il eut des arcs de triomphe. Son buste, colporté partout, devint, dans beaucoup de maisons, un préservatif pour les suspects. Beaulieu assure avoir eu entre les mains un imprimé en forme de prière, composé par un nommé Brochet, et où se lisaient ces mots: "Cœur de Jésus, cœur de Marat! Ô sacré cœur de Jésus! Ô sacré cœur de Marat!" Et ce cœur, on le renferma dans

l'urne la plus précieuse du garde-meuble de la couronne. Le 14 novembre 1795, une loi, rendue sur le rapport de Marie-Joseph Chénier, ordonna que les restes de Marat seraient admis au Panthéon, à la place de ceux de Mirabeau. Que dire encore? On bâtit à sa gloire, en plein Carrousel, une espèce de pyramide dans l'intérieur de laquelle on plaça son buste, sa baignoire, son encrier, sa lampe; et Mercier, à qui nous empruntons ces détails, ajoute: «On y posa une sentinelle qui, une nuit, mourut de froid ou d'horreur."
Telles furent, relativement à Marat, les conséquences de l'attentat de Charlotte Corday. Et l'influence de cet attentat, soit sur le sort des Girondins, soit sur la situation générale, quelle fut-elle?
La Montagne, d'abord disposée à l'indulgence, comme on a pu en juger par le rapport de Saint-Just, fut violemment ramenée à des pensées sombres, et sentit renaître toutes ses haines, quand elle entendit Levasseur crier au côté droit: "Le poignard des assassins est levé sur nous! Doublons, s'il est possible, notre existence politique." A partir de ce moment, une prompte décision sur les députés incarcérés fut ardemment poursuivie, et leur destin parut fixé!
D'un autre côté, le parti de la fureur, qui commençait à se fatiguer, reprit des forces. Marat était sincère, et sa sincérité, en mainte occasion, servait de garantie. Ses folies, qui avaient leur contrepoids dans une sagacité peu commune, étaient une sorte de maximum démocratique, au delà duquel ne pouvaient se flatter d'aller les démagogues sans bonne foi, dont l'ascendant se trouvait de la sorte annulé. Rien de plus profond et de plus vrai que ce mot de Camille Desmoulins: «Tout le temps que je vois Marat dans notre sein, je ne saurais avoir de crainte; car celui-là au moins ne saurait être dépassé.» Marat mort, il n'y eut plus de sauvegarde contre les popularités intéressées et hypocrites, contre les faux tribuns aux gages de l'étranger. Marat fut remplacé par une tourbe de vils plagiaires qui, sans avoir ni sa droiture, ni sa vigilance patriotique, ni son coup d'œil, reprirent son apostolat sanguinaire et exagérèrent ses exagérations. Marat, s'il eût vécu, rendait Hébert impossible.
Qu'il nous soit donc permis de répéter ici, comme conclusion et avec toute l'autorité des faits qui viennent d'être exposés, ce que nous avons dit dans un autre ouvrage: L'assassinat est une faute aussi bien qu'un crime; et il le faut laisser aux aristocrates et aux tyrans. Que Henri III attire le duc de Guise dans le château de Blois et l'y fasse égorger par des sicaires d'antichambre; que des séides royalistes essayent contre Napoléon d'une machine infernale, ce sont là forfaits dignes de ceux qui les commirent, et la démocratie défend qu'on la serve ainsi. De tels moyens sont contraires par essence à son génie et a son principe. Eh! qui donc pourrait sans insolence s'attribuer le droit de se mettre. seul, soit comme vengeur de la liberté, soit comme redresseur du destin, à la place de tout un peuple, presque à la place de l'Histoire? Un coup de poignard est une usurpation. Où est d'ailleurs le pouvoir correspondant à ce droit monstrueux? Quoi! il serait donné au premier venu de changer, en avançant le bras, le cours des lois historiques! Cet homme qui passe dans la rue n'aurait qu'à presser la détente d'un pistolet pour donner une secousse au monde! Non, il n'en va pas de la sorte. Le mal, quand il existe au sein d'une société, tient à un vaste ensemble de causes auprès desquelles l'existence d'un individu, quelque puissant qu'on le suppose, ne figure qu'à titre d'accident. A nul homme on ne saurait accorder l'honneur de faire tenir dans sa vie celle d'un peuple. Nous en demandons pardon à l'ombre de Pascal, mais il nous

semble avoir amoindri l'humanité jusqu'au scandale, quand il a fait dépendre de la longueur du nez de Cléopâtre les destinées de l'univers. L'occasion est la surface de la cause, et voilà pourquoi, trop souvent, l'on prend l'une pour l'autre. On s'imagine abattre la tyrannie en abattant le tyran: erreur! Le mal est au fond des choses, quand il est. Il n'existe point parce que quelqu'un le représente; quelqu'un le représente parce qu'il existe. Vous avez poignardé César, malheureux? il va ressusciter, plus terrible, dans Octave! Vous avez forcé Néron a se donner la mort? vous n'échappera pas à Vitellius! Marat expire, noyé dans son sang? voici venir Hébert! Il ne sert de rien de faire disparaître la personnification, lorsqu'on laisse subsister le principe personnifié, toute chose créant un homme pour son usage.

Sans doute, respect est dû à l'héroïsme, même quand il s'égare. La Grèce antique dressa des autels à Harmodius, a Aristogiton; et nous avons tous été élevés à trouver belles ces paroles que Shakespeare met dans la bouche de Brutus: "As Cæsar loved me, I weep for him; as he was fortunate, I rejoice at it; as he was valiant, I honor him; but, as he was ambitions. I slew him." "César m'aime, je le pleure; il fut heureux, je m'en réjouis; il fut vaillant, je l'honore; mais il était ambitieux, je l'ai tué.» Malheureusement ce sont les erreurs les plus respectables qui, par la séduction qu'elles exercent, sont les plus dangereuses. Où en serait la société, si, l'individualisme y devenant la loi du dévouement, chacun y était admis à n'accepter, de la légitimité de ses actes à l'égard de tous,

d'autre juge que lui-même? Et pourtant tel est le pouvoir du dévoueument, jusque dans son délire, que les meurtriers à la manière de Sand et de Stabs déconcertent presque également l'approbation et le blâme. Quand on rencontre leurs noms dans l'histoire, on est mécontent de sa raison si on les absout, el de son coeur si on les condamne."[85]

On comprend d'un coup deux motifs fondamentaux du tableau de David: la pureté visuelle de Marat, pour le purger[86], symboliquement, du péché que révélera, selon le postérieur XIXème siècle, on l'a vu dans certaines citations[87], sa maladie de peau[88], et donc son bain: il devient aussi pur que Jésus (en même temps, sa pureté spartiate, référencée par la lumière crue, simple, notée par Blanc et Baudelaire, crée le nouveau cadre idéologique du modèle latin néo-classique, de la Révolution et de l'Empire, dont David est le maître et le chantre).

Il ne faut pas passer sous silence que la situation de Marat dans sa baignoire, en outre de renvoyer à son problème physiologique et aux circonstances de sa mort, permet à David d'en faire une sorte de contemporain Diogène, symbole de raison et de rejet des biens matériels, tel que le présentent déjà les livres d'emblèmes modernes[89], dans un contexte non politique mais mystique; preuve iconographique encore de ce sens du révolutionnaire dans sa baignoire chez David, le simple billot de bois[90] pour écrire.

Et, plus que tout, l'association de Marat et de César (le jour de la mort du premier, en 1793, le 13 juillet, correspond à celui de la naissance du second, en 100 avant J.C. - bien qu'à celui-ci soit également attribué le 12 juillet comme date de naissance[91] -), à la fois, par le diptyque avec la mort de Lepeletier, comme gouvernant assassiné (ou tyrannicide injuste), face au tyrannicide justifié que serait Lepeletier, et, à la fois, en tant que, comme pour le meurtre de César selon Voltaire, en vengeant la Patrie, les assassins la jetèrent vers sa fin. On le voit dans la pensée de David face à un Napoléon grandissant, citant les antiques, mais aussi déjà dans le débat autour du sens de *La mort de César* par Voltaire, où le peuple, finalement, accepte, en suivant Antoine[92], de venger le tyran mort, rétablissant ainsi, comme le peuple face à Corday, l'outrage du sang du tribun par celui de ses vengeurs:

"(ACTE III)
SCÈNE VIII.
LES ACTEURS PRÉCÉDENS, ANTOINE,
DÉCIMUS, LE PEUPLE ROMAIN.

CIMBER.
Mais Antoine paraît: qu'espère-t-il de nous,
Lorsque César lui-même est tombé sous nos coups?

DECIMUS.
D'un lâche courtisan que pourrait l'artifice,
Quand sur le roi du monde a frappé la justice?

ANTOINE.
Romains, César n'est plus....

CASSIUS.
Il mérita son sort.
ANTOINE.

Il meurt assassiné.

CASSIUS.
Rome vit par sa mort.

ANTOINE;
Affreux événement! ô spectacle funeste!
Du plus grand des Romains voilà ce qui vous reste!

CASSIUS.
Du dernier des tyrans les crimes sont punis.

ANTOINE.
Romains, soulevez-vous!

CASSIUS.
Romains, restons unis.

ANTOINE.
Oui, nous devons tous l'être en voyant la victime;
Oui, réunissons-nous, mais c'est contre le crime.
Sachez par quelle main le meurtre s'est commis:
L'assassin de César, Brutus était son fils.

CASSIUS.
Dans Rome un vrai Romain voit sa famille entière.

ANTOINE.
Apprenez de César la volonté dernière.
Si Brutus est son fils, vous tous qui m'écoutez,
Vous étiez ses enfans dans son coeur adoptés.
Pour qui réservait-il le fruit de ses conquêtes?
Des dépouilles du monde il couronnait vos têtes;
Il vous léga ses biens, vous en allez jouir.

CASSIUS.
Arrête, c'est assez vouloir nous avilir.
Voilà comme un despote enrichi de pillage,
Veut même après sa mort nous vendre l'esclavage.
Cesse, ami d'un tyran, tes discours superflus;
Rome est libre aujourd'hui, tout Romain est Brutus.

Va, nous le pénétrons, ce n'est pas la vengeance,
C'est en toi le désir de la toute puissance,
Lâche, qui pour César a pu t'intéresser:
Tu ne pleures sa mort que pour le remplacer.
De tes sombres projets reçois les justes peines;
Tu veux nous asservir, tu dois porter des chaînes.
Licteurs, qu'on le saisisse au nom du souverain.

ANTOINE.
Cassius est-il donc roi du peuple Romain?

CASSIUS.
Roi!... qui?... moi?... Cassius?... Antoine, vois ce glaive,
Qui pour frapper encor malgré moi se soulève;
Le vois-tu tout fumant du sang qu'il a versé?
Eh bien! si je pouvais me croire menacé
De voir un jour mon front souillé du diadême,
Tu le verrais, ce fer tourné contré moi-même:
Heureux, si par ce trait Cassius expirant
Montrait toute l'horreur qu'il a pour un tyran.

DECIMUS.
Vois dans chaque Romain, vois un tyrannicide.

CIMBER.
Que la main de Brutus saintement parricide,
Se retrouvant par-tout où se rencontre un roi,
Porte à tous les tyrans et la mort et l'effroi.

ROMAINS.
Que l'ami de César ainsi que lui périsse.

ANTOINE.
La liberté triomphe.

CASSIUS.
Et voilà ton supplice.

ROMAINS.
Aux vengeurs de l'état nos coeurs sont assurés.

CASSIUS.
Souvenez-vous toujours de ses sermens sacrés;
Mais avant tout, Romains, songez à la patrie,
Estimez vos vengeurs, mais point d'idolâtrie.
Vous rentrez dans vos droits indignement perdus;
César vous les ravit, ils vous sont tous rendus.
Qu'à les défendre, amis, chacun de vous s'apprête;
Il faut la conserver cette grande conquête.
Peut-être avant la fin de ce jour solennel,
Vous aurez à combattre et le trône et l'autel;
César pour le venger, laisse en perdant la vie,
Les suppôts du mensonge et de la tyrannie.
Mais aucune frayeur ne doit nous captiver:
Qui veut rompre ses fers, doit savoir tout braver.
Qu'importe la mort même à l'homme de courage?
L'être libre par elle échappe à l'esclavage;
Et si la liberté pouvait jamais périr,
Cassius ne voudrait que l'honneur de mourir.

CIMBER.
Le même sentiment nous presse, nous anime.

DECIMUS.
Cimber t'annonce, ami, ce que pense Décime.

CASSIUS.
Eh bien! affermissons le règne heureux des loix,
Et ne portons le joug des prêtres ni des rois;
C'en est fait, désormais, ne souffrons rien dans Rome,
Qui puisse dégrader la dignité de l'homme.
Assez et trop long-tems des tyrans odieux
Ont caché leur faiblesse en s'entourant des dieux.
Laissons aux imposteurs le besoin de séduire;
Sur nous, sur l'univers la vérité va luire.
Républicains, voilà votre divinité:
C'est le dieu de Brutus, l'auguste liberté.

SCÈNE DERNIÈRE.

LES ACTEURS PRÉCÉDENS, BRUTUS
aux pieds de la statue de la liberté.

BRUTUS.
Daigne entendre mes voeux, divinité chérie;
Veille sur nos destins, veille sur ma patrie.
Grands dieux! si cette main en s'armant d'un poignard,
N'eût servi qu'aux desseins des rivaux de César!...
Éloigne des terreurs qui r'ouvrent ma blessure.
Je pouvais pour toi seul oublier la nature;
Pour toi seule à César j'ai pu donner la mort,
Pour toi seule aujourd'hui Brutus peut vivre encor,
S'il faut par d'autre sang affermir ton empire,
Ah! que Rome soit libre et que Brutus expire.

CASSIUS.
Formons les mêmes voeux aux pieds de cet autel;
Mourir pour son pays, c'est se rendre immortel.

ROMAINS.
Nous jurons d'imiter son courage héroïque.
VIVE LA LIBERTÉ! VIVE LA RÉPUBLIQUE!"

[1] Parlant ici de Napoléon au début de sa fulgurante et sanglante ascension, personnage, par le fait, postérieur à Marat, Paul Féval, *La vampire*, Paris, E. Dentu, 1891, pp. 56-57, ici nous renvoie dans la dichotomie Brutus-César que nous allons étudier, et dont une conclusion (dans la nôtre propre) sera celle de Louis Blanc: *"Marat, s'il eût vécu, rendait Hébert impossible"* (voir la citation à la fin du présent travail). L'image dichotomique du Marat que nous présentons est d'ailleurs très proche de celle évoquée, dans le même ouvrage toujours, par Féval, p. 91, lorsqu'il écrit encore: *"Ceux que vous n'avez pas vus sont nombreux. La gloire blesse les envieux tout au fond de leur obscurité, comme les rayons du soleil font saigner les yeux des myopes. Les vengeurs se multiplient par les jaloux. Nous avons, derrière le bataillon sacré de la haine, cette immortelle multitude qui vivait déjà quand Athènes florissait et qui votait l'exil d'Aristide, parce qu'Aristide heureux éblouissait trop de regards.*
Nous avons Lucullus du Directoire, regrettant amèrement sa chute et les diamants qui ornaient les doigts de pied de la muse demi-nue, honte orgueilleuse de sa loge à la comédie; nous avons la menue monnaie de Mirabeau bâillonné, la chevalerie ruinée de Coblentz, des épées vendéennes, des couteaux de septembre...
Nous avons tout: le passé en colère, le présent jaloux, l'avenir épouvanté.
La république et la monarchie, la France et l'Europe. Il nous arrive des poignards du nouveau monde et de l'or pour pénétrer jusque dans la maison de Tarquin, où l'on marchande les dévouements qui chancellent.
Ce n'est pas Tarquin, Tarquin était roi: c'est César qui toujours se découvre en mettant le pied sur la première marche du trône.
Le général Bonaparte était peut-être invulnérable, mais c'est sur une tête nue que se pose la couronne, et il n'a point de cuirasse sous son manteau impérial;
La meilleure cuirasse, d'ailleurs, c'était son titre de simple citoyen. Il la dépouille de lui-même. Jupiter trouble l'esprit de ceux qu'il veut tuer: le voilà sans armure!"

[2] Guillaume Mazeau, "Le procès Corday: retour aux sources", *Annales historiques de la Révolution française*, N°343, 2006, p. 60.

[3] Sur l'historique des deux tableaux, voir *Notice sur le Marat de Louis David: suivie de la liste de ses tableaux dressée par lui-même*, Paris, Jouaust, 1867, pp. 10-18.

[4] *"Corday affiche plusieurs fois sa volonté initiale de marquer l'opinion par un assassinat spectaculaire au coeur de la République67. Le choix de la victime n'est pas non plus aléatoire. Il vise à la fois à satisfaire les milieux modérés et à choquer les radicaux, en rééditant, contre Marat cette fois, l'attentat contre Lepeletier de Saint-Fargeau, poignardé au Palais Royal le 20 janvier de la même année. Mais contrairement à Paris, qu'elle cite, elle s'assure d'être identifiée. Pendant tout son procès, elle s'attache à justifier l'attentat et à lui donner le maximum de publicité. Consciente de la censure qui va lui être opposée, elle la contourne en exploitant tous les moyens d'expression possibles: les interrogatoires, les lettres écrites en prison, le procès mais aussi l'exécution sont ainsi utilisés pour infléchir le cours de l'histoire en faveur de sa cause et de son image."* Ibid, pp. 65-66.

[5] Qui les conserva jusqu'à sa exil à Bruxelles, où Gros les cacha alors à Paris, jusqu'au décès de David en 1825, moment où ils reviennent dans le patrimoine des enfants du peintre, *La mort de Marat* n'ayant pas d'acheteur, alors que *Les Derniers Moments de Michel Lepeletier* fut acheté par la fille du conventionnel assassiné Louise Suzanne de Mortefontaine, dont on pense qu'elle le détruit pour effacer le passé révolutionnaire de son père.

[6] Bien que de forme anachronique, nous ne pouvons éviter de rappeler que, pour le lecteur contemporain, la correspondance typologique s'accentue encore par le postérieur complot des Horace, *"Nous avons dit dans le Temple que nous retrouverions à la Force Aréna, Ceracchi, et leurs compagnons arrêtés à l'Opéra le 10 octobre 1800, jour où ils avaient formé le complot d'assassiner le premier consul Bonaparte pendant la première représentation des Horace».* (Jules Édouard Alboise du Pujol et Auguste Maquet, *Les prisons de l'Europe: Bicêtre, la Conciergerie, la Force, la Salpêtrière, le For-l'évêque, Saint-Lazare, le Châtelet, la Tournelle, l'Abbaye, Sainte-Pélagie, Pierre en Cize, Poissy, Ham, Fenestrelles, le château d'If, Château Trompette, le Mont Saint-Michel, Clairvaux, les îles Sainte-Marguerite, la Tour de Londres, Pignerolles, le Spielberg, les Plombs de Venise, les mines de Sibérie, les Sept tours, les cachots de l'inquisition. Histoire des prisonniers d'état, des victimes du fanatisme politique et religieux, intérieur des bagnes, travaux et punitions des forçats, détails inédits sur toutes les prisons élevées par le despotisme*, Paris, Administration de librairie,

1845, T. IV, p. 143), et encore: "*Dès qu'il fut avéré que la révolution avait trouvé son maître, un petit nombre de républicains exaltés songèrent au poignard deBrutus, et pendant que fidèles aux classiques souvenirs, ils ajournaient à la première représentation des Horace» (9novèmbre 1800) l'exécution de leur complot, des chouans remplis d'une énergie sauvage, se dirigeaient sur Paris pour combiner leurs moyens d'attaque, suivant les instructions de Cadoudal. leur chef.*" (A. Des Étangs, *Études sur la morte volontaire: Du suicide politique en France depuis 1789 jusqu'à nos jours*, Paris, Masson, 1860, pp. 258-259) Événement dont se souviendra Féval pour le mettre en scène, dans son ouvrage cité, *La vampire*, lui provoquant les réflexions mises par nous à manière d'épigraphe au présent travail.

[7] Étienne Jean Delécluze, *Louis David, son école et son temps: souvenirs*, Paris, Didier, 1855, pp. 230-232.

[8] Cité par Rebecca Comay, "*Tabula Rasa: David's Death of Marat and the Trauma of Modernity*", *Impossible Time: Past and Future in the Philosophy of Religion*, Tübingen, Mohr Siebeck, 2013, p. 140.

[9] Article compilé dans *Allegory and the Migration of Symbols*, Boulder, Westview Press, 1977.

[10] Comay, pp. 144ss.

[11] Voir cependant, sur la mise en scène et théâtralisation du corps du défunt par impossibilité de le présenter, comme le voulait initialement David, en gloire (ce qui réduit le sens du génie aux limitations de la nature), *La mort de Marat*, Paris, Flammarion, 1986, p. 54; Jacques Guilhaumou, *La mort de Marat, 1793*, Bruxelles, Éditions Complexe, 1989, p. 52; Pierre Frantz, "*Théâtraliser la Révolution française*", *Corps, littérature, société, 1789-1900*, Université de Saint-Etienne, 2005, pp. 36-37.

[12] Lequel écrit: "*Je me suis assuré, de mes propres yeux, de l'impossibilité de mettre mes premières idées relatives au citoyen Marat à exécution. La putréfaction empêche de le placer debout* ("David propose [d'abord] *à la Convention d'exposer son corps dans l'attitude où il l'avait trouvé la veille debout et* "*écrivant pour le bonheur du peuple*'"). *D'après cela nous avons arrêté de le disposer sur un lit comme Lepeletier, couvert d'un simple drap, ce qui rendra assez bien l'idée de la baignoire (Convention nationale du 16 juillet).*" (Frantz, p. 36)

[13] À tel point que: "*Après la mort de Marat, David fit mouler son masque pour l'exécution de son tableau. C'est ce masque qui a été surmoulé en plâtre et vendu avec celui de Robespierre et de quelques autres. En 1835, la police finit par défendre qu'ils fussent exposés publiquement.*", Delécluze, note 1 p. 154.

[14] Jacques Guilhaumou, *Discours et événement: l'histoire langagière des concepts*, Presses Universitaires de Franche-Comté, 2006, p. 141.

[15] Comay, p. 140.

[16] *Corday contre Marat - Deux siècles d'images*, catalogue de l'exposition *Corday contre Marat. Les discordes de l'histoire*, Musée de la Révolution française, Vizille, 26 juin-28 septembre 2009, p. 16.

[17] Comay, p. 145.

[18] Elle ne l'est plus, mais reste une ombre derrière un rideau dans le tableau posthume de 1860 *Charlotte Corday* de Paul Jacques Aimé Baudry, qui conserve l'image du Marat tel que le représente David, mort dans son bain, le bras pendant. Il substitue le socle sur lequel reposent chez David l'encrier et les papiers de Marat par une chaise renversée, renversant lui-même à son tour la vision de face de Marat, que l'on voit ici de dos, la baignoire ne faisant plus face au spectateur, au profit d'un portrait en pied et de face de Corday, qui devient l'âme centrale de cette toile qui lui rend hommage. Ainsi, la lumière, qui baigne Marat solitaire chez David donne corps à la meurtrière chez Baudry, lui rénovant son caractère virginal, par l'association visuelle avec un motif repris des toiles de Vermeer, bien que depuis une fenêtre orientée en sens contraire. La lumière, en illuminant Corday, et en plongeant dans l'ombre Marat, se projette contre les murs, où une carte de France offre un contrepoint intéressant au bras pendant du tyran mort, puisque le "nez" de la Bretagne surgit comme Corday de l'ombre, nous indiquant que la mort de Marat est une renaissance (en sens luminescent) pour le pays.

[19] "*Le divin Marat, un bras pendant hors de la baignoire et retenant mollement sa dernière plume, la poitrine percée de la blessure sacrilège, vient de rendre le dernier soupir. Sur le pupitre vert placé devant lui sa main tient encore le lettre perfide: «Citoyen, il suffit que je sois bien malheureuse pour avoir droit à votre bienveillance;»* L'eau de la baignoire est rougit de sang, le papier est sanglant; à terre gît un grand couteau de cuisine trempé de sang; sur un misérable support de planches qui composait le mobilier de travail de l'infatigable journaliste, on lit: «A Marat, David.» *Tous ces détails sont historiques et réels, comme un roman de Balzac; le drame est là, vivant dans toute sa lamentable horreur, et par un tour de force étrange qui fait de*

cette peinture le chef-d'œuvre de David et une des grandes curiosités de l'art moderne, elle n'a rien d'un trivial ni d'ignoble. Ce qu'il y a de plus étonnant dans ce poème inaccoutumé, c'est qu'il est peint avec une rapidité extrême, et quand on songe à la beauté du dessin, il y a là de quoi confondre l'esprit. Ceci est le pain des forts et le triomphe du spiritualisme; cruel comme la nature, ce tableau a tout le parfum de l'idéal. Quelle était donc cette laideur que la sainte Mort a si vite effacée du bout de son aile? Marat peut désormais défier Apollon, la mort vient de le baiser de ses lèvres amoureuses, et il repose dans le calme de sa métamorphose. Il y a dans cette œuvre quelque chose de tendre et de poignant à la fois; dans l'air froid de cette chambre, sur ces murs froids, autour de cette froide et funèbre baignoire, une âme voltige. Nous permettrez-vous, politiques de tous les partis, et vous-mêmes, farouches libéraux de 1845, de nous attendrir devant le chef-d'œuvre de David? Cette peinture était un don à la patrie éplorée, et nos larmes ne sont pas dangereuses." (Baudelaire, *Curiosités esthétiques*, 1868, "III - Le Musée classique du Bazar Bonne-Nouvelle", Paris, Michel Lévy Frères, pp. 201-202) Dans un sens, il rapproche, par typologie d'évocation, aussi *La mort de Marat* de celle de Socrate, également peinte par David (1787), le geste démonstratif de Socrate, pour nous, inversant et prévoyant celui de désignation du Marat. *"Ce tableau avait pour pendant à la Convention la Mort de Lepelletier-Saint-Fargeau. Quant à celui-là, il a disparu d'une manière mystérieuse; la famille du conventionnel l'a, dit-on, payé 40,000 francs aux héritiers de David; nous n'en disons pas davantage, de peur de calomnier des gens qu'il faut croire innocents.*
La Mort de Socrate est une admirable composition que tout le monde connaît, mais dont l'aspect a quelque chose de commun qui fait songer à M. Duval-Lecamus (père). Que l'ombre de David nous pardonne!" (Ibid., pp. 203-204)
[20]Mazeau, p. 61.
[21]"*Le procès n'ayant pas fourni de véritable preuve juridique du complot, c'est le sens symbolique de l'exécution qui est en jeu: elle doit définitivement disqualifier «la fille Corday» aux yeux de tous et légitimer le pouvoir en place. Le 15 juillet, Billaud-Varenne affirme à la Convention que l'existence du complot girondin est une question de croyance a priori, faute de pouvoir la prouver autrement: «Les traces matérielles manquent presque toujours;[...] il faut s'en tenir [...] à la simple conviction morale»40. La façon dont l'exécution a été rapportée dans la presse a entraîné de nombreuses erreurs d'analyse dans une historiographie trop attachée aux discours: certains légitiment la répression en insistant sur le bon déroulement de l'exécution, d'autres insinuent le doute ou la critique en décrivant des anecdotes ayant perturbé la procédure. Le trajet de la charrette ouverte transportant Corday de la Conciergerie à la place de la Révolution témoigne d'une ritualisation (lenteur, parcours codifié) dont le dépouillement contraste avec le faste de la translation du corps-relique de Marat vers l'église des Cordeliers. Le spectacle de la mort publique doit servir une vengeance symbolique et régénérer l'assistance41. Mais l'acculturation prévue n'est pas toujours opératoire, et dans la foule, certains donnent l'impression de participer à des funérailles ante-mortem. Les représentations de Corday, promenée au milieu d'une foule hérissée de piques, sont très vite prisées des contre-révolutionnaires, qui recyclent toute une iconographie des martyres chrétiennes. La guerre des images n'est pas seulement religieuse: alors que le cortège désacralise le cérémonial du parcours aristocratique de la ville, la pamphlétaire royaliste transforme la charrette d'infamie42 en voiture de parade, restituant à la ci-devant Corday son prestige social: «Sur l'arrestation d'un bel Équipage devant une charrette/Cédez, nobles Coursiez, le pas à cette Rosse/Aujourd'hui, la charrette est plus que le carrosse43». La foule des exécutions révolutionnaires est donc aussi le lieu d'une certaine opposition politique: de nombreux témoignages montrent que les sympathisants de Corday s'y sont rendus en masse (notamment Adam Lux, député de Mayence), communiquant, se rencontrant peut-être.*
Maints rituels de flétrissure visent à précipiter Charlotte Corday dans la mort ignoble: les injures, les mains liées, l'exposition mobile, la chemise rouge des assassins et l'allongement final, en imposant la contrition, prennent une valeur expiatoire. Les cheveux, coupés pour faciliter le passage de la lame, exhibent aussi sa déchéance sexuelle: cette mutilation est un rituel de long terme, infligé au XVIIIe siècle aux maquerelles et aux prostituées genevoises, que l'on retrouve jusqu'aux tonsures de la Libération, pour punir la collaboration horizontale44. Elle enferme Corday dans un genre monstrueux, et lui applique un châtiment corporel alors de plus en plus infligé aux meurtriers, mais aussi aux aristocrates et aux femmes sortant de leur rôle autorisé45. Au-delà, le rituel de l'exécution fait partie d'un système de croyances héritées de la tradition chrétienne: son bon déroulement est censé faire surgir la vérité, comme pendant les ordalies médiévales. Ainsi, la gifle de

Legros est non seulement condamnée par les autorités, mais aussi un témoignage inédit. Le 18 juillet, il signale l'incident à Montané: «[...] Le peuple avait vu passer, avait conduit cette femme à l'échafaud sans insulter à ses derniers moments; il applaudissait intérieurement au jugement que lui réservait la peine due à son forfait, et plus son indignation était légitimement forte, plus son attitude, sa contenance tranquille le rendait fier et généreux. [...] Pourquoi le citoyen chargé de l'exécution de la loi s'est-il permis de le provoquer à des excès en ajoutant au supplice des outrages qu'on ne peut lui pardonner? [...] Je demande au tribunal qu'il répare l'outrage fait à la nature, à la philosophie par l'un des exécuteurs qui conformément à la loi a montré au peuple la tête de la fille Corday, mais qui s'est permis de la couvrir de soufflets [...]»46. On connaît les analyses de Michel Foucault sur les exécutions révolutionnaires: la guillotine est décrite comme un intermédiaire entre les supplices collectifs d'Ancien Régime et la mort d'État moderne47. Le témoignage de Sergent s'inscrit bien dans ce registre: la mise à mort légale doit satisfaire la demande populaire de vengeance et légitimer la puissance du pouvoir pour cimenter la paix civile. C'est pourquoi il loue la maturité politique des spectateurs, qui ne cèdent pas à l'impulsion vengeresse: façon calculée de contrer l'image contre-révolutionnaire d'un peuple mu par ses passions et incapable de résoudre les conflits politiques autrement que par la violence. C'est donc la capacité des révolutionnaires à installer l'État de droit qui est en jeu. Legros, en giflant la tête coupée, usurpe la prérogative étatique d'exercice de la violence, risque de flatter des instincts que le pouvoir ne pourrait canaliser. Pire encore: sa main, laissant sa trace sur les joues, rappelle trop la marque d'infamie d'Ancien Régime, et annule le rituel plus anonyme et égalisateur de la nouvelle économie de la mort légale.

Le procès Corday se situe donc à un moment charnière, où l'on cherche à ajuster les nouvelles institutions à la nation. D'où le respect scrupuleux de la liturgie et l'attente de signes légitimant la justice rendue. Plusieurs épisodes censés avoir eu lieu pendant l'exécution, rapportés ensuite tels quels, sont en fait à lire dans cette optique, car ils perturbent la fonction propitiatoire du rituel. À commencer par l'attitude de Corday, qui profite encore de cette mise en scène pour faire passer un certain nombre de messages, en affichant un calme qui a impressionné nombre de témoins. La condamnée ne joue donc pas le jeu des codes corporels attendus par le «bien mourir» des exécutions publiques, qui exige la soumission, et non l'abattement ou l'arrogance. Le pacte tacite, reposant sur un idéal chrétien faisant du corps le miroir de l'âme48, et liant les spectateurs au condamné, est rompu; le rituel risque d'être inopérant et même de se retourner contre ses destinataires. Chez certains le doute s'insinue sur la légitimité de la sentence: même la presse montagnarde reste un peu perplexe devant le courage serein de Corday49." Mazeau, pp. 58-61.

[22]*Ibid.*, pp. 66-68.
[23]Fouquier, *Causes célèbres de tous les peuples*, Paris, H. Lebrun, 1861, T. IV, pp. 53-54.
[24]César disparaît complètement sous le nombre des assassins dans la toile de 1859-1867 de Jean-Léon Jérôme, alors que son geste devient de surprise et de défense passive dans celle de 1865 de Karl Theodor von Piloty.
[25]"*Assidentem conspirati specie officii circumsteterunt, ilicoque Cimber Tillius, qui primas partes susceperat, quasi aliquid rogaturus propius accessit renuentique gestu[m] in aliud tempus differenti ab utroque umero togam adprehendit. Deinde clamantem: «ista quidem vis est!» alter e Cascis aversum vulnerat paulum infra jugulum. Caesar Cascae brachium arreptum graphio traject conatusque prosilire alio vulnere tardatus est. Utque animadvertit undique se strictis pugionibus peti, toga caput obvoluit, simul sinistra manu sinum ad ima crura deduxit, quo honestius caderet etiam inferiore corporis parte velata.Atque ita tribus et viginti plagis confossus est uno modo ad primum ictum gemitu sine voce edito, etsi tradiderunt quidam Marco Bruto irruenti dixisse: «kai su teknon». Exanimis diffugientibus cunctis aliquamdiu jacuit, donec lecticae impositum, dependente brachio, tres servoli domum rettulerunt. Nec in tot vulneribus, ut Antistius medicus existimabat, letale ullum repertum est, nisi quod secundo loco in pectore acceperat.*"
[26]Suétone, *César - Auguste*, Paris, Les Belles Lettres, 1931, p. 69.
[27]De l'Imprimerie Marat, Paris, sans date (179.), 13 p.
[28]Jacques De Cock, *Action politique de Marat pendant la Révolution: (1789-1793)*, Fantasques éditions, 2013, https://sites.google.com/site/fantasqueseditions/, Chapitre 9 "Chronique d'un scandale annoncé", pp. 233-269ss.
[29]Camille Desmoulins, *Révolutions de France et de Brabant: ouvrage périodique*, No 37, Paris, Chez Garnéry, 1789-1791, Vol. 3, pp. 601-606.

[30] *Précis des guerres de Jules César par Napoléon, écrit par M. Marchand, à l'Île de Sainte-Hélène, sous la dictée de l'empereur*, Paris, Gosselin, 1836.

[31] "*L'Académie de Bordeaux songe, déjà en 1780, à mettre en concours un Eloge de Montesquieu. Le Mercure de France du 30 décembre 1780 insiste sur cette nécessité, d'autant qu'un article, paru dans ses colonnes, avait attaqué Montesquieu. Le concours sera ouvert en 1782 et Marat, qui n'hésite pas à transmettre aussi des écrits politiques, date son manuscrit du 19 mars 1783. Il sera enregistré par le secrétaire de l'Académie, le 28 mars 1785 sous le n°5.*", http://www.marat-jean-paul.org/Site/MARAT_ET_LES_ACADEMIES_DE_PROVINCE.html

[32] Marat, *Éloge de Montesquieu*, Libourne, G. Maleville, 1883, pp. 24-26.

[33] Paul M. Martin, *Tuer César!*, Bruxelles, Éditions Complexe, 1988, p. 143.

[34] *Ibid.*, pp. 137-162.

[35] Saskia S. Wiedner, "*Melchiorre Cesarotti Il Fanatismo ossia Maometto profeta*", *Cultural Transfer Through Translation: The Circulation of Enlightened Thought in Europe by Means of Translation*, Amsterdam, Rodopi, 2010, pp. 96-99.

[36] Nathalie Bittoun-Debruyne, "*Le théâtre français: un modèle pour Mariano Luis de Urquijo*", *Imagen de Francia en Espana durante la segunda mitad del siglo XVIII*, Presses Sorbonne Nouvelle, 1996, pp. 141-146.

[37] Raymonde Monnier, "*Les expressions du tyrannicide dans la crise de Varennes*", *La Voix & le Geste - Una approche culturelle de la violence socio-politique*, Presses Universitaires Blaise Pascal, 2005, pp. 33-40ss.

[38] *Ibid.*, pp. 34-35.

[39] Cité in *ibid.*, p. 35.

[40] Antoine et Jean Ehrard, "*Brutus et les lecteurs*", *Lumières, utopies, révolutions: espérance de la démocratie: à Bronislaw Baczko*, Paris, Droz, 1989, pp. 103-120.

[41] *Ibid.*, pp. 103-104.

[42] *Ibid.*, pp. 105-109.

[43] *Ibid.*, p. 110.

[44] *Ibid.*

[45] *Ibid.*

[46] Dont des plats montrent encore l'association de noms autour d'un glaive et du bonnet phrygien, entre 1800 et 1850, http://frda.stanford.edu/en/catalog/qd912pp0655

[47] *Notice sur le Marat de Louis David*, p. 9.

[48] Donatien Alphonse François de Sade, "*Discours prononcé à la Fête décernée par la Section des Piques, aux mânes de Marat et de Le Pelletier, par Sade, citoyen de cette section, et membre de la Société populaire*", 29 septembre 1793, An II de la République, https://fr.wikisource.org/wiki/Section_des_Piques

[49] http://catalogue.bnf.fr/ark:/12148/cb40258253x

[50] Comme il continue de l'être tout au long du XIXème siècle: "*Tout ce personnel d'hommes de sang se groupait, avec quelques autres, autour des deux Bertin, dont l'un avait été, en 1795, l'éditeur de l'Eclair, feuille réactionnaire qui ne cessait de provoquer aux vengeances, et de confondre dans une proscription égale les bourreaux de 95 et les amis d'une sage liberté. Et si l'on veut se convaincre que tout était en parfaite harmonie dans ce cloaque des Débats, où l'on faisait assaut de talens, de sophismes et de déclamations, pour demander le châtiment des régicides, des bonapartistes et des fédérés, il suffirait de jeter les yeux sur le frontispice et la dernière page d'un imprimé intitulé: Compte rendu aux Sans-Culottes de la République française, par très-haute, très-puissante et très-expéditive dame Guillotine, dame du Carrousel, de la place de la Révolution, de la Grève et autres lieux, contenant les noms de ceux à qui elle a accordé des passeports pour l'autre monde, etc. Paris, chez Petit, libraire, galerie de bois, maison Égalité. - De l'imprimerie du Calculateur patriote, au corps sans tête, l'an 11 de la république une et indivisible, et deuxième de la mort du tyran. Au frontispice de cet affreux ouvrage on remarque une estampe. Un œil entouré de rayons dissipe des nuages, et un bras sanglant tient un glaive et une balance où se trouve une équerre surmontée d'un bonnet phrygien. Au bas, dans un vaste terrain, sont des piles de corps; près d'un cadavre royal est celui de son épouse, plus loin celui d'un garde-du-corps; vis-à-vis ceux d'un évêque, d'un magistrat, d'un général, d'un officier suisse: sur le premier plan, des paniers remplis de têtes humaines, enfin pour épigraphe:*
Ces monstres en monceau, par puissance divine,

Annoncent les travaux de dame Guillotine." (J.-A. Dulaure, *Révolution française: Histoire de 1814 a 1830. Chute de l'Empire, Cent-Jours, Restauration, et Révolution de 1830*, Paris, Poirée, T. III, p. 373)
Et encore dans *Par la Révolte* (1903) de Nelly Roussel: "*Par la Révolte is a short allegorical play advocating "la grève des ventres." The protagonist of Par la Révolte is the rebellious Eve. Disassociated from her role in the Bible, Eve is an allegorical figure representing all women. Kneeling center stage, exhausted, dressed like a slave, her arms in chains, Eve laments her condition.../...
Eve then hears phrases of the Marseillaise. She raises her head and turns slowly with confidence toward the figure of Society dressed as the Republic with the bonnet phrygien (the red bonnet, symbolic of the French Revolution) and draped in the French flag. One hand rests on the Code, the book of French laws, next to a glaive, a sword that symbolizes war, divine justice, and judicial power. At the foot of Society's throne, a succession of government officials from judges to jailors mirrors the Church dignitaries on the other side. Eve calls to the great republican Society, creator of liberty, to free her of her chains, but the Society, equally cold and severe as the Church, tells her that the French motto—Liberté, Egalité, Fraternité—was not written for her, that her duty in life is to produce children; the nation needs citizens. Eve counters that she has produced children, but with no reward, no recognition. At this moment, when Eve is at the height of despair, the character of Revolt arrives, much to the surprise and terror of the Church and the Society, accompanied by loud exclamations, chants, and phrases from the Internationale. Revolt, proud and superb, draped in scarlet, hair to the four winds, explains to Eve that she must not submit to her oppression; she must seize her rights in a superb and victorious élan. Eve is quickly inspired and turns against "perfidious Religion and the vile society" who have erected the "monstrous barrier of prejudice and stupidity." The slave becomes a rebel whose veapon is her womb:*
Oh! n'attendez plus rien de moi!... Point de besogne sans salaire!... Trop longtemps l'Humanité, mon œuvre, a bafoué et renié son auteur! mes entrailles sont lasses de porter des ingrats! L'arbre de vie refuse des fruits à ses bourreaux!... Ferme-toi donc, flanc douloureux et trop féconde!... ferme-toi... jusqu'à l'heure du triomphe; l'heure glorieuse où crouleront les antiques forteresses sous mes clameurs exaspérées. (12-13)" (Cecilia Beach, *Staging Politics and Gender: French Women's Drama, 1880–1923*, New York, Palgrave MacMillan, 2005, pp. 55-56)

[51] *Charlotte de Corday et les Girondins pièces classées et annotées par M. Charles Vatel*, Paris, Henri Plon, 1864, T. I, p. LXXVIII, et T. II, p. 76.
[52] *Ibid.*, T. I, p. CCCCXLIV.
[53] *Ibid.*, T. I, pp. XLIII, CXXVIII, CCII, CCLXIX; T. II, p. 14.
[54] *Ibid.*, T. I, p. XXX; T. II, p. 255.
[55] *Ibid.*, T. II, p. 329.
[56] *Ibid.*, T. II, p. 428.
[57] "*Saint-Just, for example, mirrored Lux's vision of Corday's act as a sacrifice for the community modeled on Brutus.*" (Ivan Strenski, *Contesting Sacrifice: Religion, Nationalism, and Social Thought in France*, University of Chicago Press, 2002, p. 33)
[58] "*La tâche est accomplie. Elle, simple femme, a tué l'ennemi du peuple. Elle s'est dévouée pour la République. Elle a sauvé la patrie. Elle est, ce sera dit, «plus grande que Brutus». Et plus pure que Judith.*" (Alphonse de Lamartine, *Histoire de Charlotte Corday: un livre de l'Histoire des Girondins*, Seyssel, Champ Vallon, 1995, p. 30)
[59] *Charlotte de Corday et les Girondins*, T. II, pp. 5, 12, 14, 35, 56, 70, 92.
[60] Cf. *ibid.*, T. I, p. XXVI et note 1 de la même page.
[61] Delécluze, p. 150.
[62] *Ibid.*, pp. 152-153.
[63] *Ibid.*, pp. 153-154.
[64] Louis Blanc, *Histoire de la Révolution française*, Bruxelles, Meline, Cans et Compagnie, 1856, T. II, pp. 476-477.
[65] "*Depuis 1781, David pensait faire, pour répondre à la commande des Bâtiments du Roi, une grande peinture d'histoire inspirée du thème du combat des Horaces et des Curiaces et indirectement de la pièce de Pierre Corneille, Horace. Mais c'est trois ans plus tard qu'il mène à bien ce projet en choisissant un épisode absent de la pièce, Le Serment des Horaces (1785, musée du Louvre), qu'il reprend peut-être de l'Histoire*

romaine de Charles Rollin, ou s'inspire d'une toile du peintre britannique Gavin Hamilton Le Serment de Brutus." (https://fr.wikipedia.org/wiki/Jacques-Louis_David#Chef_de_file_de_la_nouvelle_%C3%A9cole_de_peinture)

[66]Cf. David Carrier, "*Gavin Hamilton's Oath of Brutus and David's Oath of the Horatii: the Revisionist Interpretation of Neo-Classical Art*", The Monist, Vol. 71, No 2, 1er Avril 1988, pp. 197-213.

[67]Aussi connu comme *The Death of Lucretia* ou *Sacrifice of Iphigenia*, https://collections.britishart.yale.edu/vufind/Record/1671027

[68]https://en.wikipedia.org/wiki/File:Fran%C3%A7ois-Joseph_Navez001.jpg

[69]"*According to Livy, Brutus' first act after the expulsion of Lucius Tarquinius Superbus was to bring the people to swear an oath never to allow any man again to be king in Rome.[Livy, Ab urbe condita, ed. R.S Conway & C.F. Walters (Oxford, 1914), 2.1.9.]*

"*The oath of Brutus*" *by François-Joseph Navez*

Omnium primum avidum novae libertatis populum, ne postmodum flecti precibus aut donis regiis posset, iure iurando adegit neminem Romae passuros regnare.

(First of all, by swearing an oath that they would suffer no man to rule Rome, it forced the people, desirous of a new liberty, not to be thereafter swayed by the entreaties or bribes of kings.)

This is, fundamentally, a restatement of the 'private oath' sworn by the conspirators to overthrow the monarchy:[Livy, "Ab urbe condita" 1.59.1.]

Per hunc... castissimum ante regiam iniuriam sanguinem iuro, vosque, di, testes facio me L. Tarquinium Superbum cum scelerata coniuge et omni liberorum stirpe ferro igni quacumque dehinc vi possim exsecuturum, nec illos nec alium quemquam regnare Romae passurum.

(By this guiltless blood before the kingly injustice I swear – you and the gods as my witnesses – I make myself the one who will prosecute, by what force I am able, Lucius Tarquinius Superbus along with his wicked wife and the whole house of his freeborn children by sword, by fire, by any means hence, so that neither they nor any one else be suffered to rule Rome.)

There is no scholarly agreement that the oath took place; it is reported, although differently, by Plutarch (Poplicola, 2) and Appian (B.C. 2.119). Nevertheless, the spirit of the oath inspired later Romans including his descendant Marcus Junius Brutus." (https://en.wikipedia.org/wiki/Lucius_Junius_Brutus#The_Oath_of_Brutus)

[70]https://msu.edu/course/ha/445/lepelitier.jpg et https://www.pinterest.ph/pin/407646203755370077/

[71]http://www.marcmaison.fr/blog/large-fireback-with-the-coat-of-arms-of-louis-michel-lepeletier-de-saint-fargeau/?lang=en

[72]"*Jacques-Louis David depicted the magistrate on his deathbed in a large canvas entitled "The Last Moments of Michel Lepeletier". Intended as a diptych along with the canvas of "The Death of Marat" (who died in July 1793), the two canvases were installed in the session hall of the National Convention until 1795, when David recovered them and took them to Brussels. While "The Death of Marat" has remained there (Royal Museums of Fine Arts of Belgium), the Michel Lepeletier canvas was sold by David's descendants to his daughter, Louise Suzanne Lepeletier de Mortefontaine, a convinced royalist.*

The painting subsequently disappeared mysteriously, either destroyed by Louise Suzanne or hidden within the walls of the Chateau of Saint-Fargeau.

Academician Jean d'Ormesson, a direct descendant of Suzanne Lepeletier said: "Family tradition has it that Suzanne hid the hated David painting within the thick walls of Saint-Fargeau. Seers, deviners and seeker of all sorts have been brought in, but such efforts have yielded nothing. To my father's despair, David's painting has always kept its secret, no doubt being lost for ever, perhaps within the formidable pink walls of the Chateau of Saint-Fargeau"." (Ibid.)

[73]"*Le 17 janvier 1793, la Convention vote la mort de Louis XVI. Louis-Michel Le Peletier, seigneur de Saint-Fargeau, figure parmi les députés régicides. La veille de l exécution du souverain, alors qu il dîne dans un restaurant du Palais-Royal, il est abordé par un ancien garde du corps du roi, Pâris, qui le tue d un coup d épée. Le Peletier devient, en quelques heures, le premier «martyr» de la République. Il a droit à des funérailles nationales. Le peintre Jacques-Louis David immortalise sa mort, comme il le fera de l assassinat de Marat, par un tableau considéré comme un chef d oeuvre.*" (https://www.amazon.fr/Mystere-du-Tableau-David/dp/2902650248)

[74] Cf. par ex. https://www.pinterest.fr/pin/429671620670607873/?lp=true et http://rue-des-9-templiers.eklablog.com/notre-dame-des-douleurs-09-15-a130753204, https://www.notredamedesvictoires.com/
[75]"... connu depuis le XIV° et le XV° siècle. Il a été diffusé par les mystiques rhénans, les dominicains, les servites de Marie..." (https://www.mariereine.com/chapelet-des-sept-douleurs-de-marie-2/); cf. aussi, dans la présente Collection, notre ouvrages sur *Le Songe du Docteur* et Andrea Mantegna.
[76]https://fr.wikipedia.org/wiki/Piet%C3%A0_(Michel-Ange)
[77]https://fr.wikipedia.org/wiki/Le_Martyre_de_saint_Matthieu
[78]Nous reprenons ces trois rapprochements, que nous partageons, d'Andrew Graham Dixon dans le second volet "*There Will Be Blood*" de son programme de la BBC *The Art of France*, 2017, https://vimeo.com/260578183, 15'-18'.
[79]https://fr.wikipedia.org/wiki/Lucius_Junius_Brutus
[80]"*The name is frequently rendered in English as Brutus Receiving the Bodies of His Sons, among other variations, including Brutus and His Dead Sons and simply Brutus. The complete original name as presented to the Salon was much lengthier and more explicative. It too has been rendered in various forms, but as translated from the small Salon guidebook (livret) offered in 1789, it reads, with poignancy in the first year of the Revolution, as: Brutus, first consul, returned to his house after having condemned his two sons who had allied themselves with the Tarquins and conspired against Roman liberty; the lictors return their bodies so that they may be entombed.*" (https://en.wikipedia.org/wiki/The_Lictors_Bring_to_Brutus_the_Bodies_of_His_Sons#Presentation)

"*La liberté ou la mort*"
Le 14 juin 1789, David écrit à son élève Jean-Baptiste Wicar (1762-1834): «*Je fais un tableau de ma pure invention. C'est Brutus, homme et père, qui s'est privé de ses enfants et qui, retiré dans ses foyers, on lui rapporte ses deux fils pour leur donner la sépulture. Il est distrait de son chagrin, au pied de la statue de Rome, par les cris de sa femme, la peur et l'évanouissement de la plus grande fille.*».
Ses fils ayant conspiré contre la jeune République, Lucius Junius Brutus avait dû ordonner leur exécution: son amour et ses devoirs envers sa patrie l'emportant ainsi sur ceux envers sa famille.
Comme dans le Serment des Horaces, deux mondes s'entrechoquent sur la toile. Le côté gauche est occupé par les hommes; il est dominé par un Brutus inerte et accablé, mais les pieds tordus par la douleur intérieure, assis et appuyé contre le socle de la statue de Rome, le tout placé dans une originale pénombre dramatisante. Dans l'autre partie, celle colorée et en pleine de lumière du monde des femmes, règne la douleur, voire l'incompréhension face à la brutalité masculine. Une servante éplorée cache même entièrement son corps sous un drapé.
Le dessin inachevé (mais mis au carreau pour être reporté) est lui aussi composé en longueur à la manière d'une frise antique, mais le cortège qui forme le Triomphe du peuple français s'avance de la gauche vers la droite. La Victoire guide un char antique, tiré par quatre taureaux, où trône un Hercule assis personnalisant le Peuple français, protégeant l'Égalité et la Liberté, avec à leurs pieds, le Commerce, l'Abondance, les Sciences et les Arts. Le char foule des attributs d'Ancien Régime, tandis qu'au-devant deux hommes du peuple mettent à bas des tyrans qui tentent de fuir. À l'arrière, David dessine ceux qu'il considère comme les héros de la liberté, brandissant des palmes, symbole de leur «*martyrs*»: Cornélie, qui accompagne ses fils, les Gracques (assassinés pour leurs tentatives de réformes plébéiennes), Brutus, Guillaume Tell (qui porte son fils sur ses épaules), puis ferment la marche Marat et Le Pelletier, deux députés de la Convention assassinés en 1793.

David, peintre des «martyrs» de la liberté
Suite aux événements révolutionnaires du printemps et de l'été 1789, David ne peut présenter au Salon son portrait du couple Lavoisier (New-York, The Metropolitan Museum of Art), car le savant et fermier général Antoine Lavoisier est alors impliqué dans une émeute. David abandonne aussi l'idée de peindre dans son Brutus les têtes des fils du héros qui étaient placées au bout de pics portés par le cortège ramenant les corps. Le pouvoir n'en resta pas moins gêné par l'exposition de cette oeuvre à cause (selon un texte de David de 1793) de «*l'analogie entre la conduite de Brutus et celle qu'aurait dû tenir Louis XVI à l'égard de son frère [le comte d'Artois, futur Charles X] et de ses autres parents qui conspiraient contre la liberté de leur pays.*»

Il est vrai que Brutus (qui peut être d'ailleurs aisément associé à son homonyme le fils et assassin de César) est alors considéré avant tout non pas comme un père accablé, mais comme un Républicain qui lutte victorieusement contre la tyrannie royale jusqu'à ordonner la mort de ses fils comploteurs.
L'œuvre ne peut être que rapidement récupérée à des fins politiques. Un journal révolutionnaire de 1790 (Lettre bougrement patriotique du véritable Père Duchêne) rappelle que David (qui commence alors à peindre le Serment du Jeu de Paume de 1789) est l'auteur «de ce Brutus si sombre, si déterminé, ce fier bourreau du Despotisme, ce vrai modèle des homme libres...». Et l'œuvre est même à nouveau exposée au Salon de 1791.
Le peintre est alors pleinement engagé dans le mouvement révolutionnaire. En 1793, lorsqu'il dessine ce Triomphe de la Liberté, il est député de Paris à la Convention et c'est à ce titre qu'il vote la mort du roi. Sous la Terreur qui suit, il est un temps président du club des Jacobins, secrétaire de la Convention, membre du Comité de sûreté général, et même très brièvement président de la Convention. Il peint pour cette assemblée Marat et Le Pelletier, deux de ses députés assassinés (Bruxelles, Musées royaux des Beaux-Arts et œuvre non localisée), et dirige de nombreuses fêtes révolutionnaires dont celle en l'honneur de l'Être suprême, fêtes où des processions de chars parcourent Paris de stations en stations pour célébrer les idéaux et héros révolutionnaires.
Selon son contemporain Alexandre Lenoir, qui posséda une seconde version plus achevée de ce Triomphe (Paris, musée Carnavalet), cette «allégorie relative au système révolutionnaire de 1793 [est] le type de ce que David imaginait pour l'ordonnance des fêtes nationales.» Sur cette dernière, Marat et Le Pelletier exhibent leurs blessures et sont accompagnés d'autres «martyrs» révolutionnaires, tués ou s'étant suicidés sous la Terreur, et brandissant, en guise d'attributs, les instruments de leurs morts. Quant à l'homme à terre au premier plan, il porte un manteau royal. Le Triomphe de la Liberté est donc une œuvre qui reflète les débats politiques de la Terreur, époque où le jacobin Pagès écrivait dans son poème La France Républicaine «qu'Hercule des tyrans eut délivré le Monde», ou qu'un orateur déclarait à la Convention que la «régénération d'un grand peuple et d'avoir anéanti tous ses tyrans» (Filassier, orateur, germinal an II / avril 1794).
Mais la chute de Robespierre le 9 thermidor an II (26 juillet 1794), a dû rendre la commande caduque. La veille, David avait répondu à l'Incorruptible qui déclarait «s'il faut succomber, eh bien ! mes amis, vous me verrez boire la ciguë avec calme»: «je la boirai avec toi». Mais absent de la Convention le jour suivant, il n'est que temporairement emprisonné sous la réaction thermidorienne." (https://www.histoire-image.org/de/etudes/david-artiste-revolutionnaire)
[81]"*The work had tremendous resonance for the time. The Revolution had already begun, and all paintings shown at the Salon had to be approved for political acceptability. David's 1788 portrait of Antoine Lavoisier had already been refused a display because the famed chemist was a potentially divisive figure, tied as he was to the Ancien Régime. Out of similar caution, The Lictors Bring to Brutus the Bodies of His Sons was almost not shown because of concerns about inflaming pro-revolutionary passions. The public's insistence was too great, however, and the authorities were forced to give in.*
After its first exhibition, David's friend, the actor François-Joseph Talma, played the title role in Voltaire's Brutus and added in a scene in which the stage direction exactly replicated the composition of the already famous painting.
Contemporaneously with David, the painter Angelica Kauffmann (1741-1807) was commissioned by Polish royalty to create a work she entitled Brutus Condemning His Sons to Death for Treason. This painting, now lost, is known only by a written description and a preparatory pen and ink drawing from 1788." (https://en.wikipedia.org/wiki/The_Lictors_Bring_to_Brutus_the_Bodies_of_His_Sons#Impact)
[82]https://fr.wikipedia.org/wiki/Les_licteurs_rapportent_%C3%A0_Brutus_les_corps_de_ses_fils
[83]Dixon, 5'54".
[84]http://parismuseescollections.paris.fr/es/node/151566#infos-principales
[85]*Ibid.*, pp. 477-478.
[86]Frantz, p. 39: "*Marat sort "lavé" du souterrain où il s'est caché (dans la pièce de Mathelin [Marat dans le souterrain des cordeliers ou la journée du 10 août de novembre 1793]). La puanteur cadavérique est rejetée sur les ennemis du peuple...*"
[87]Fouquier, pp. 53-54.

[88] Sur laquelle ont été faites de nombreuses suppositions, entre lesquelles celles du Dr. Cabanès, *Marat inconnu, l'homme privé, le médecin, le savant. D'après des documents nouveaux et inédits*, Paris, Albin Michel, 1920.
[89] *La doctrine des moeurs*, Paris, Louye Sevestre, 1546, p. 121.
[90] "*La veille de la mort de Marat, ajoute David, je me suis rendu chez lui, d'après une mission des jacobins, pour le visiter. Ce député, que la calomnie a dit être soldé, était dans son bain, écrivant là sur un billot de bois, des lignes pour le peuple.*" (*1793: l'esprit des journaux*, Université de Saint-Etienne, 1993, p. 182) "*David entretient la Convention des derniers jours «de son vertueux ami».*
« Envoyé la veille, avec Maure, dit-il, par la Société des Jacobins, pour nous informer de la position de Marat depuis quelque temps malade, nous le trouvâmes dans un bain dont il ne sortait presque plus, et que ses ulcères rendaient indispensable.
» Près de lui se trouvait un billot de bois sur lequel étaient placés de l'encre et du papier, et la main de ce grand patriote, sortie de sa baignoire, écrivait ses dernières pensées au Peuple Français...
» Hier, continua David d'une voix émue, *le chirurgien qui a embaumé le corps m'a envoyé demander de quelle manière nous l'exposerions aux regards du peuple dans l'église des Cordeliers On ne peut découvrir aucune partie du corps du martyr, car vous savez qu'il avait une lèpre et que son sang était brûlé, mais j'ai pensé qu'il serait intéressant de l'offrir dans l'attitude où je l'ai trouvé écrivant pour le bonheur du peuple!*
» Un drap mouillé représentera la baignoire; ce drap, arrosé de temps à autre, empêchera l'effet de la putréfaction déjà très-avancée.
» Il sera inhumé aujourd'hui à 5 heures du soir sous les arbres où il aimait à instruire ses concitoyens» La Section du Théâtre-Français lui élèvera un tombeau de gazon, emblème de la simplicité de sa vie, et de son vertueux désintéressement»" (Paul Fassy, *Marat, sa mort, ses véritables funérailles: D'après les documents empruntés aux archives de la préfecture de police*, Paris, À la Librairie du Petit Journal, 1867, p. 8)
Ce que les exégètes rapprochent du *Proudhon* de Courbet, y trouvant là une source d'inspiration iconographique: "*Proudhon modèle est à la fois en 1865 et en 1853, alors qu'il est mort, le peintre le fait revivre par la peinture dans une période de sa vie précise. L'espace, lui aussi, bascule. Proudhon se trouve sur le seuil, assis55, comme Marat dans sa baignoire, sur l'entre-deux, et son regard quitte l'espace de la toile pour se perdre dans le vide, traversant l'espace du spectateur sans même s'y arrêter. L'épitaphe gravée par Courbet et quelques détails du tableau rappellent le Marat de David. Les inscriptions, sur les marches de pierre, «PJP 1 853» et, en dessous, «Gustave Courbet 1865» évoquent celles de David sur la caisse de bois «A Marat David l'An 2», de même que l'encrier, la plume, les feuilles écrites, tout ce travail entourant le philosophe comme il entourait l'Ami du peuple, des gestes graphiques projetés, jetés, inachevés.*" (Chakè Matossian, *Saturne et le sphinx: Proudhon, Courbet et l'art justicier*, Paris, Droz, 2002, p. 44)
[91] "*There is some dispute over the date of Caesar's birth. The day is sometimes stated to be 12 July when his feast-day was celebrated after deification, but this was because his true birthday clashed with the Ludi Apollinares. Some scholars, based on the dates he held certain magistracies, have made a case for 101 or 102 BC as the year of his birth, but scholarly consensus favors 100 BC. Goldsworthy, 30*" http://en.wikipedia.org/wiki/Julius_Caesar#cite_note-4. En outre, on le sait, mais cela n'apporte rien à notre débat de coïncidence, puisque la question vise l'identité pour David entre Marat le tribun juste et César le tyran critiqué par le révolutionnaire lui-même, plus - ou autant au moins - qu'avec Brutus (car, de fait, il n'a tué personne, mais est bien victime du coup d'État, par conséquent la surdétermination par inversion des rôles, en sens proprement freudien, aussi bien par David que par l'époque, rend cependant, si, plus symptomatique pour nous le lien, voulu et proclamé par Corday, entre César et Marat, jusque, donc, chez David), d'une part: "*Corday, a tall, attractive and articulate 25-year-old who had traveled from Normandy to strike this daring political blow. A fervent supporter of the moderate Girondin Party, Corday blamed Marat for the carnage then consuming the French Revolution, as faction warred against faction. Modeling herself on the heroes of antiquity whom she studied in Plutarch, she had planned to assassinate Marat, like Julius Caesar, in a public forum -- the floor of the National Convention. But when illness made Marat stay home, Corday tracked him to his apartment and, after several tries, won a private audience.*" (http://www.bloomberg.com/news/2012-10-08/murder-in-the-bathtub-a-neoclassical-portrait.html), et de l'autre: "*The story of Julius Caesar goes back for centuries and centuries. Julius Caesar was well on his way to becoming Emperor of Rome when a group of Conspirators selfishly ruined those plans. Led by the Noble Marcus Brutus and Caius Cassius the*

conspirators plotted the demise of Julius Caesar. They thought that they would easily get away with the conspiracy because they were backed by Brutus who was one of the most noble and respected Romans that there was. And when they committed the heinous act of taking Caesars life things sure looked like they were going to go the way of the conspirators. Yet Brutus made the fatal mistake of allowing Caesars best friend, Marc Antony, to speak at the funeral of Caesar. There, Antony turned the crowd against the conspirators and together they were run out of Rome. Outside of Rome the armies of Brutus and Cassius faced off against the armies of Octavius and Marc Antony. Through all of the turmoil of the battle, Cassius and Brutus ended up taking their own lives. With no more conspirators the death of Caesar had been avenged and the power of Rome was now in the hands of Octavius, Marc Antony and Lepidus.

The death of Marat and the death of Julius Caesar are very very similar. In both cases the victims were portrayed as being innocent and killed for unjust reasons by people who were their to witness the reality, but with bias opinions. In both cases great action was taken upon their behalf. In Julius Caesar's case, Antony gave a funeral oration that swayed the angry mob in his favor which allowed them to run the conspirators out of Rome all together, not to mention for his own good. And in Marat's case a painting was made about his death which made him seem as a completely innocent victim who was brutally murdered in his bath which eventually made Jaques-Louis David famous and rich.

During Marc Antony's funeral oration he portrayed Julius Caesar as completely innocent in the whole situation. He recites, "I thrice presented him a kingly crown,/ Which he did thrice refuse: was this ambition?" (Shakespeare III.II.). However, this was not the real case at all. Julius Caesar was very power hungry. And some people may say that he refused the crown when it was presented to him. Yet he was just playing with the crowd and trying to prove himself not ambitious, while the whole time his motives were to have the crown at all costs. Antony's reason for this is to persuade the common people to run the leaders out of town only so he could then come to power with the help of Octavius. He created a whole mask over the real Caesar for his own selfish ways.

Then, Antony continues to say, "Here is the will, and under Caesar's seal./ To every Roman citizen he gives,/ To every several man, seventy-five drachmas" (Shakespeare III.II. 10). This quote was used to portray Julius Caesar as being a sort of savior. As even though he is no longer living he is still attempting to better the lives of the Roman citizens; on the other hand, Antony could have provided false information only to get the people to support Caesar's revenge on Brutus and Cassius. This is also able to be vaguely connected to Jesus Christ. As when Jesus Christ was murdered he still did everything he could to help aid his followers up to his moment of death. Which brings up the issue of not being able to repeat the past. No one is able to accurately describe the real occurrence, historians are only able to create a combination of recordings.

Both of these examples show how Marc Antony completely manipulated the crowd when he gave his funeral oration. Antony attempted to put out all of the positives that Caesar did and was going to do while he was still alive. Yet it seems as if it somehow slipped his mind when it came to the negatives and the power hungry mindset that Julius Caesar possessed. Essentially, the most prominent comparison between the works is the manipulation of peoples' opinions on those who are not able to be there at the time. The lack of proof made this tactic easy for David in the sense of who Marat was and Antony to persuade the common people to support him after all." (http://769127395663677443.weebly.com/caesar.html)

[92]Et, en changeant légérement le cours réel de l'histoire (comme Quentin Tarantino dans *Inglourious Basterds* de 2009), puisque, plus que de s'en remettre au peuple, Antoine poursuit et vainc en combat les assassins de César et de son frère, après une longue poursuite et suite de combats.

PLANCHES

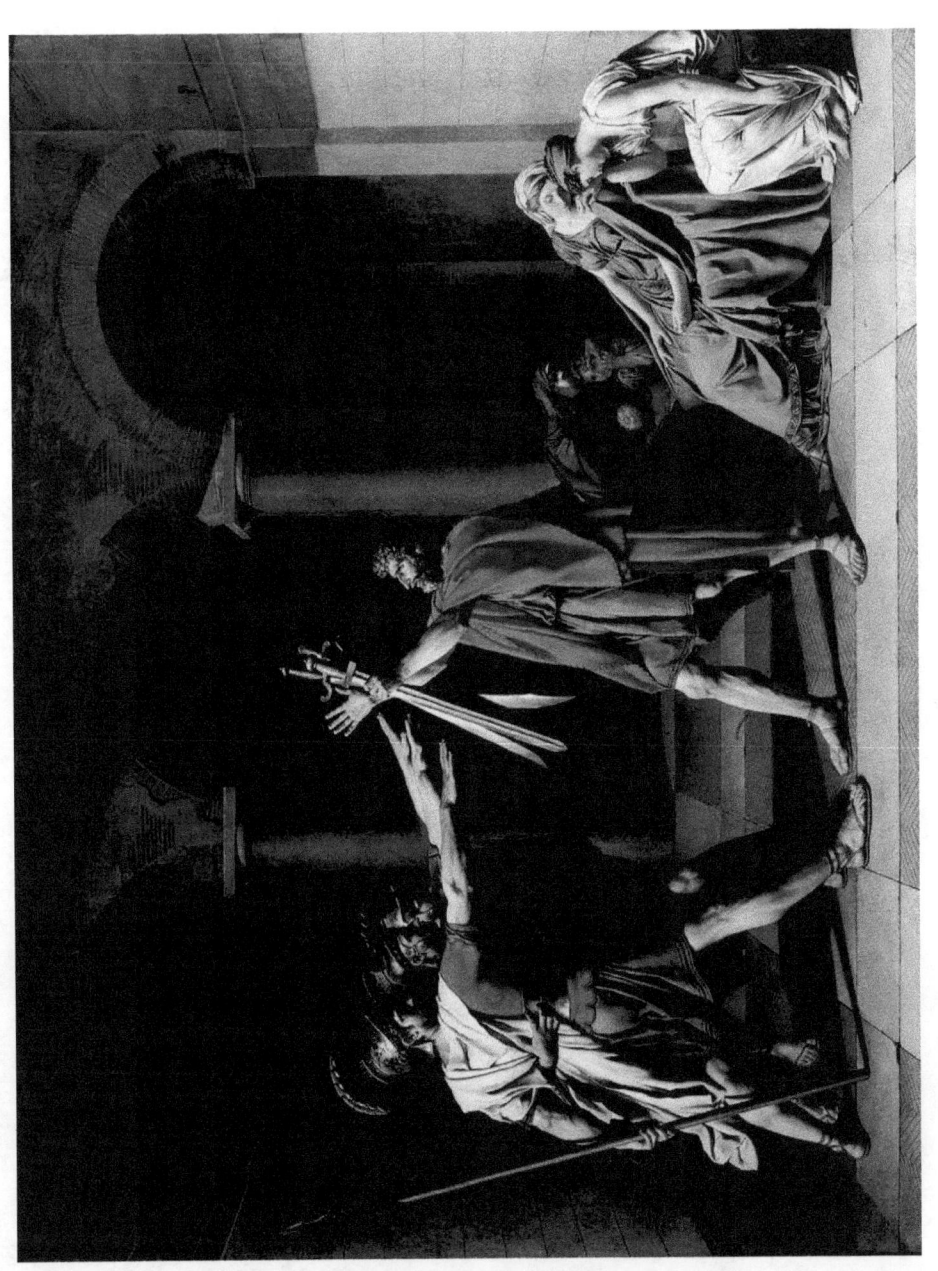

David, *Le Serment des Horaces*, 1785

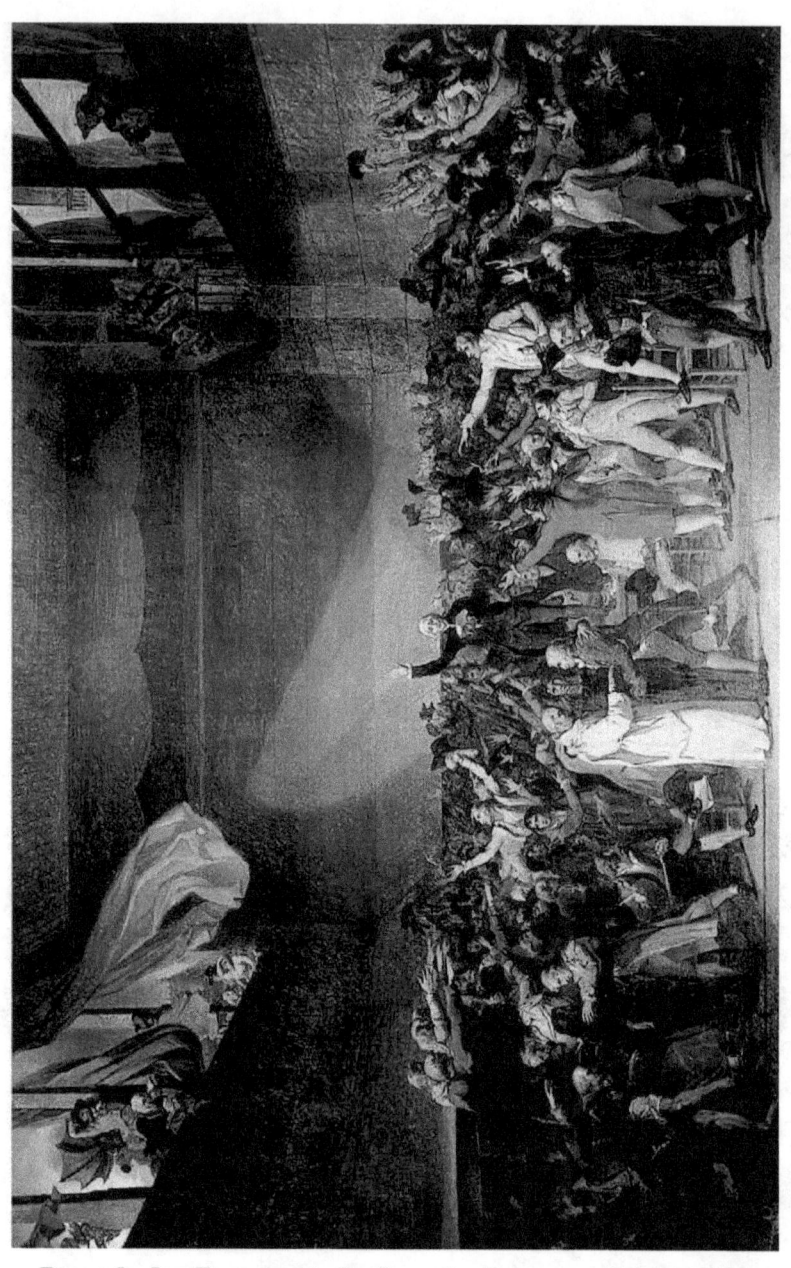

David, *Le Serment du Jeu de Paume*, 1790-1794

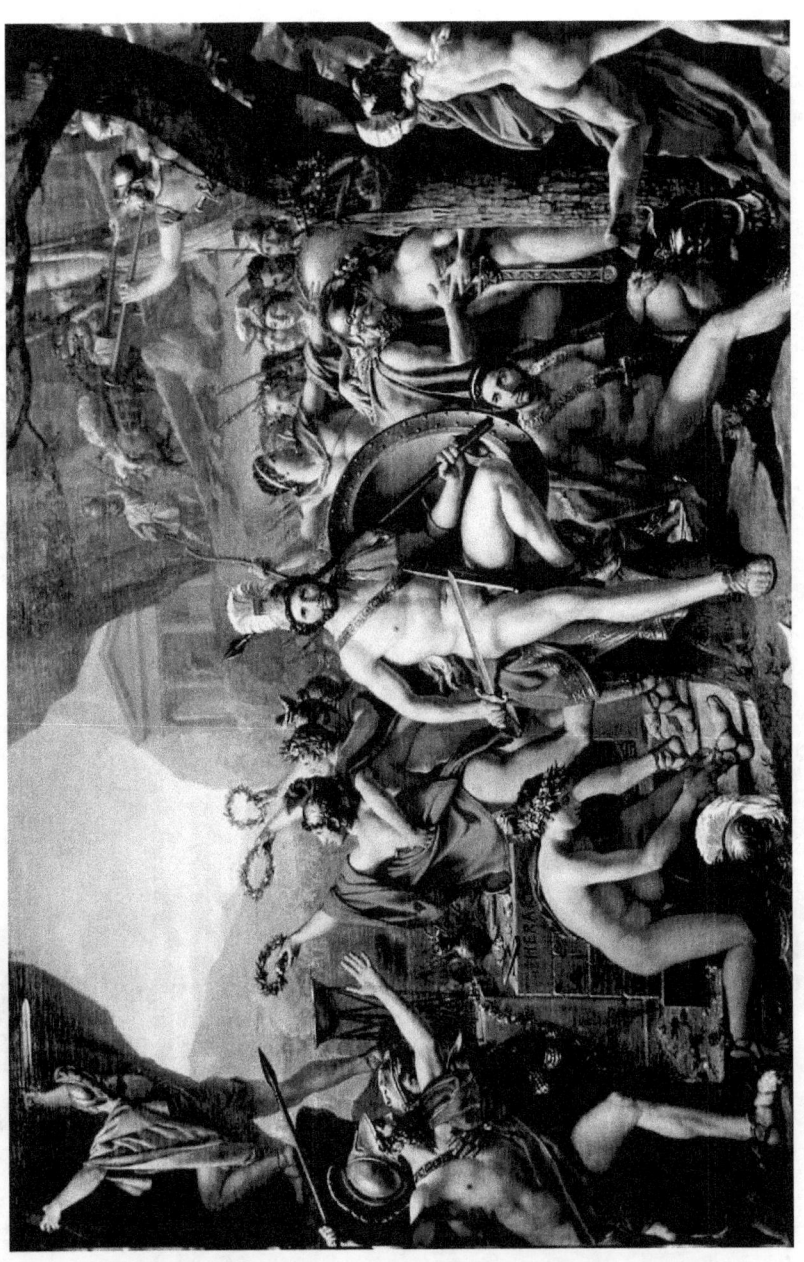
David, *Léonidas aux Thermopyles*, 1814

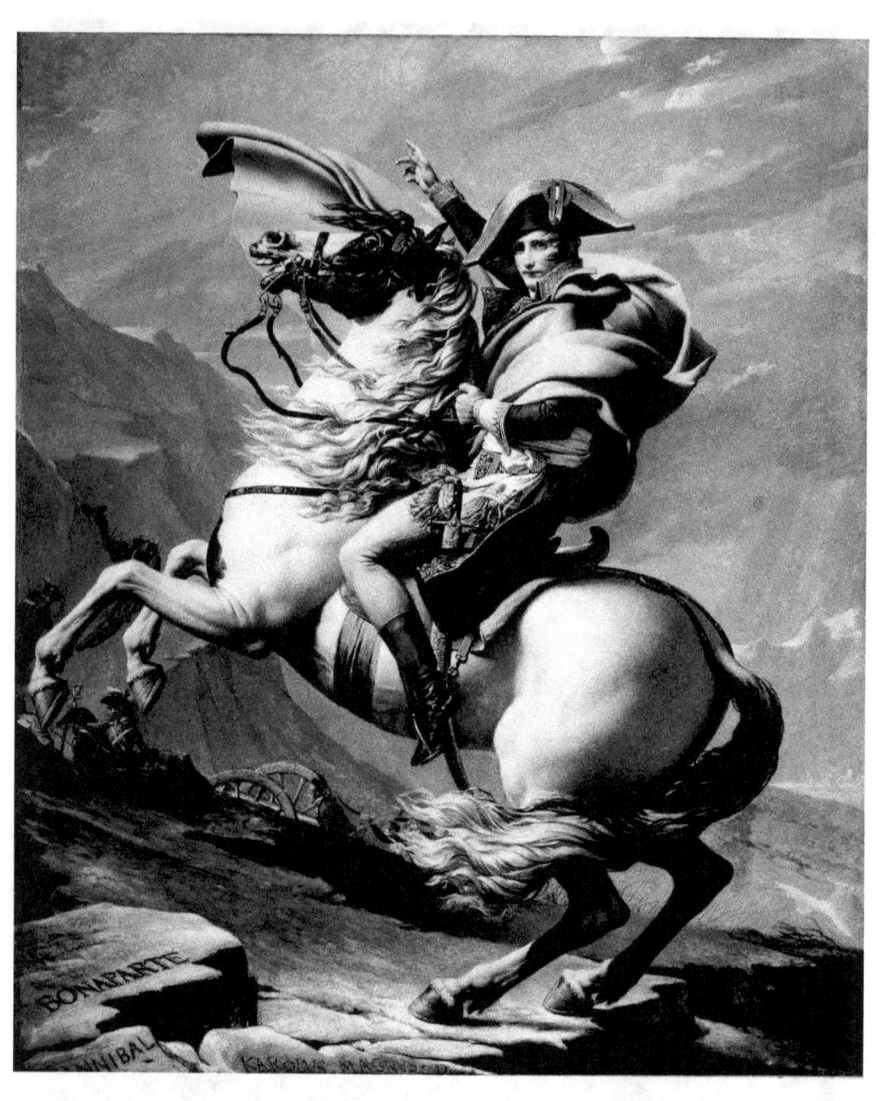

David, *Bonaparte franchissant le Grand-Saint-Bernard*, 1803

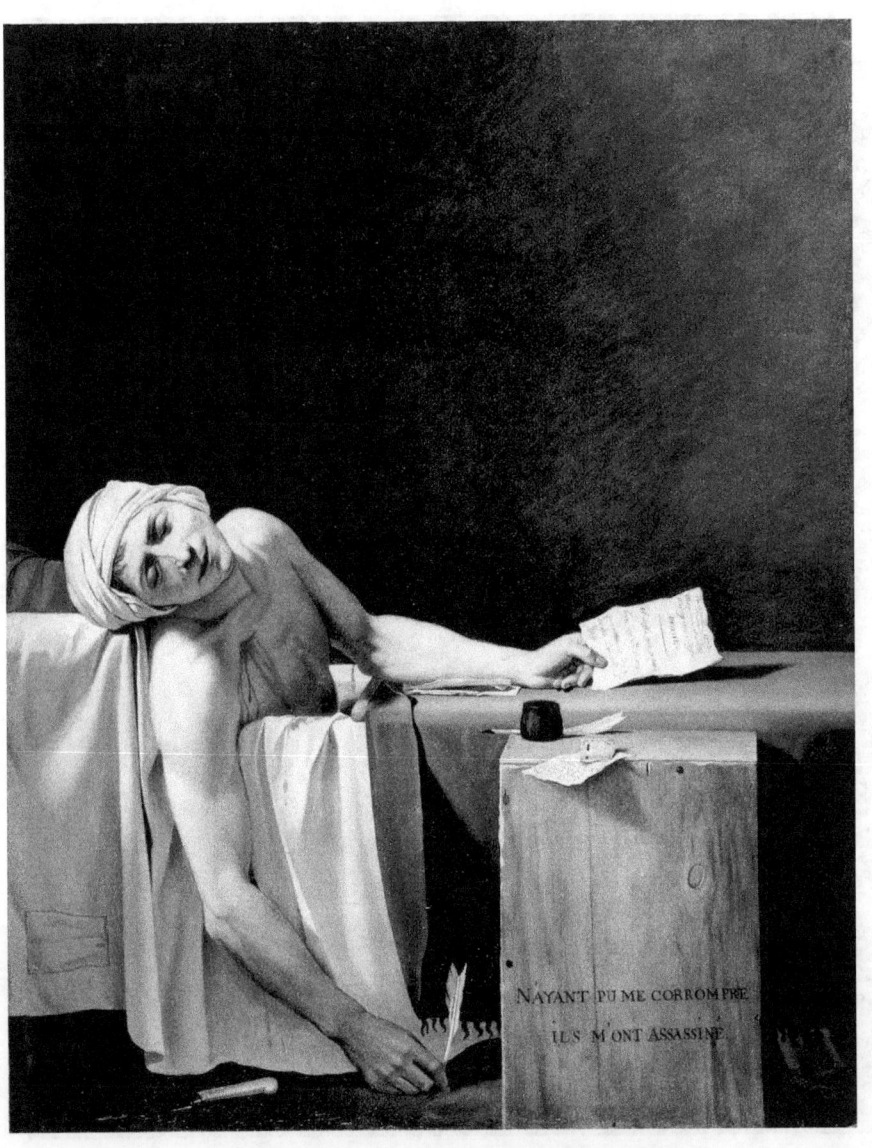

David, *La mort de Marat*, 1793

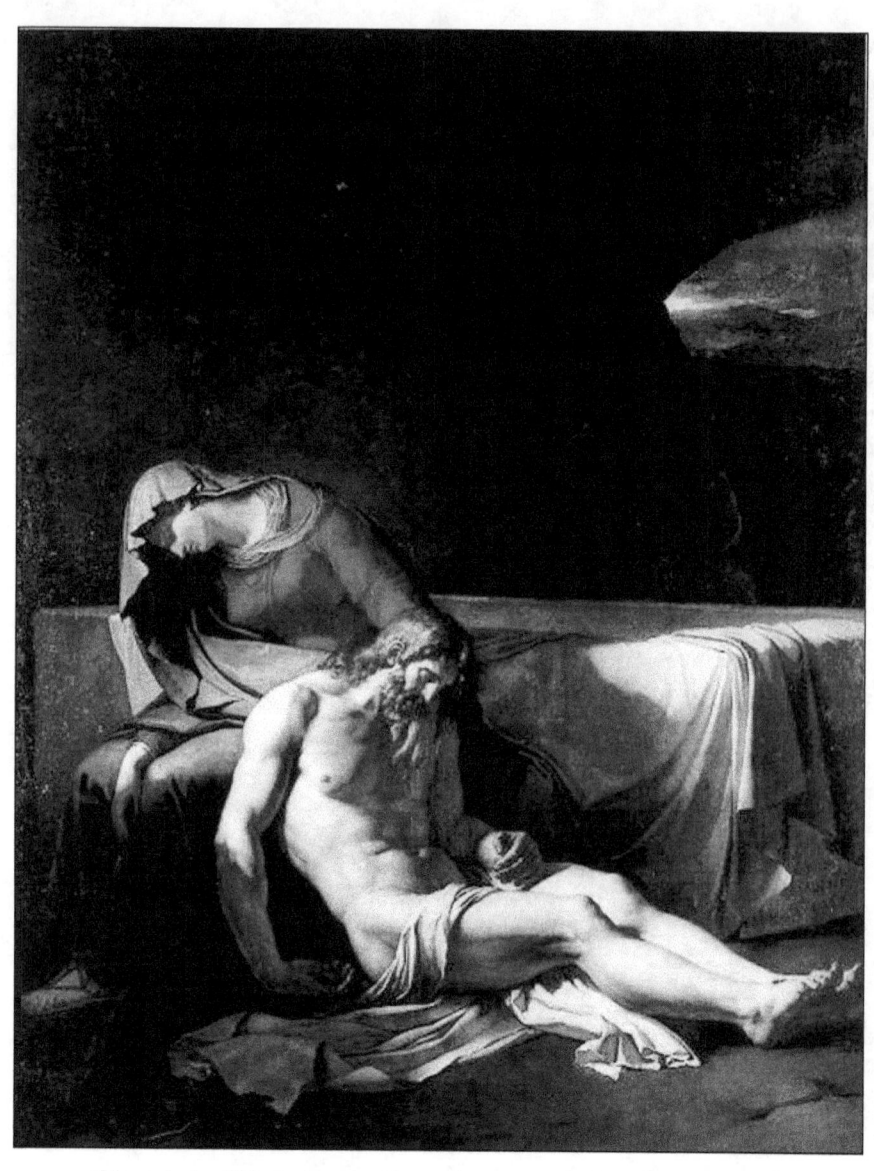

Girodet, *Christ mort soutenu par la Vierge*, 1789

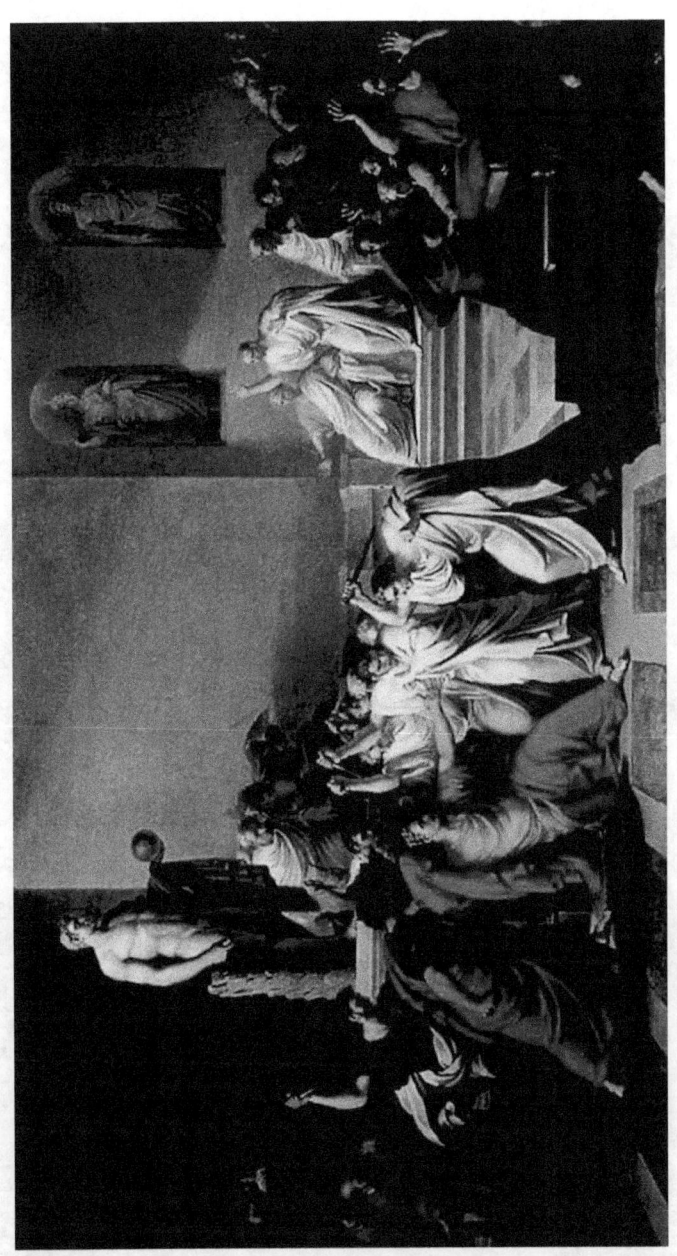

Vincenzo Camuccini, *La Mort de César*, 1798

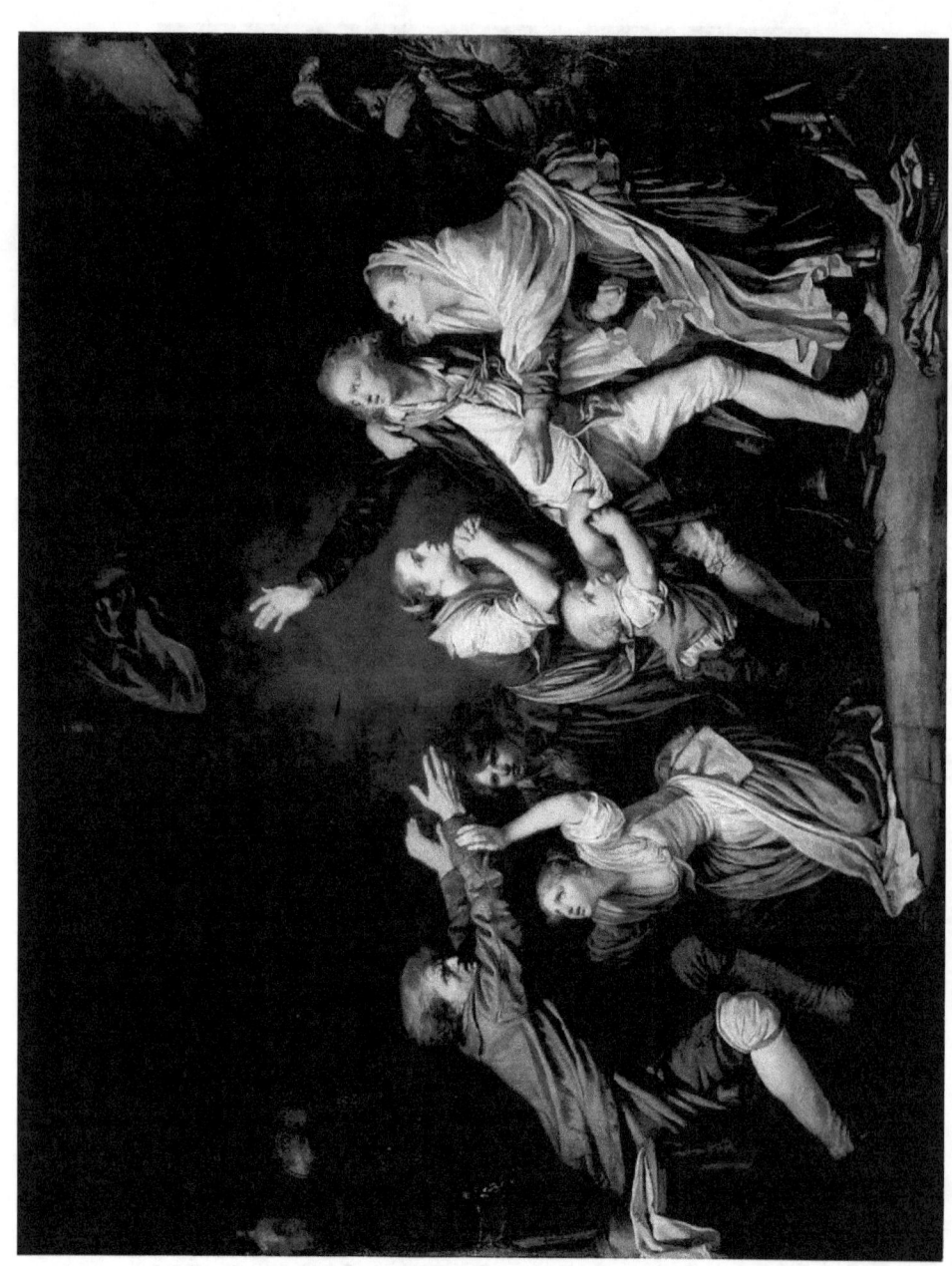

Greuze, *Le Fils ingrat*, 1777

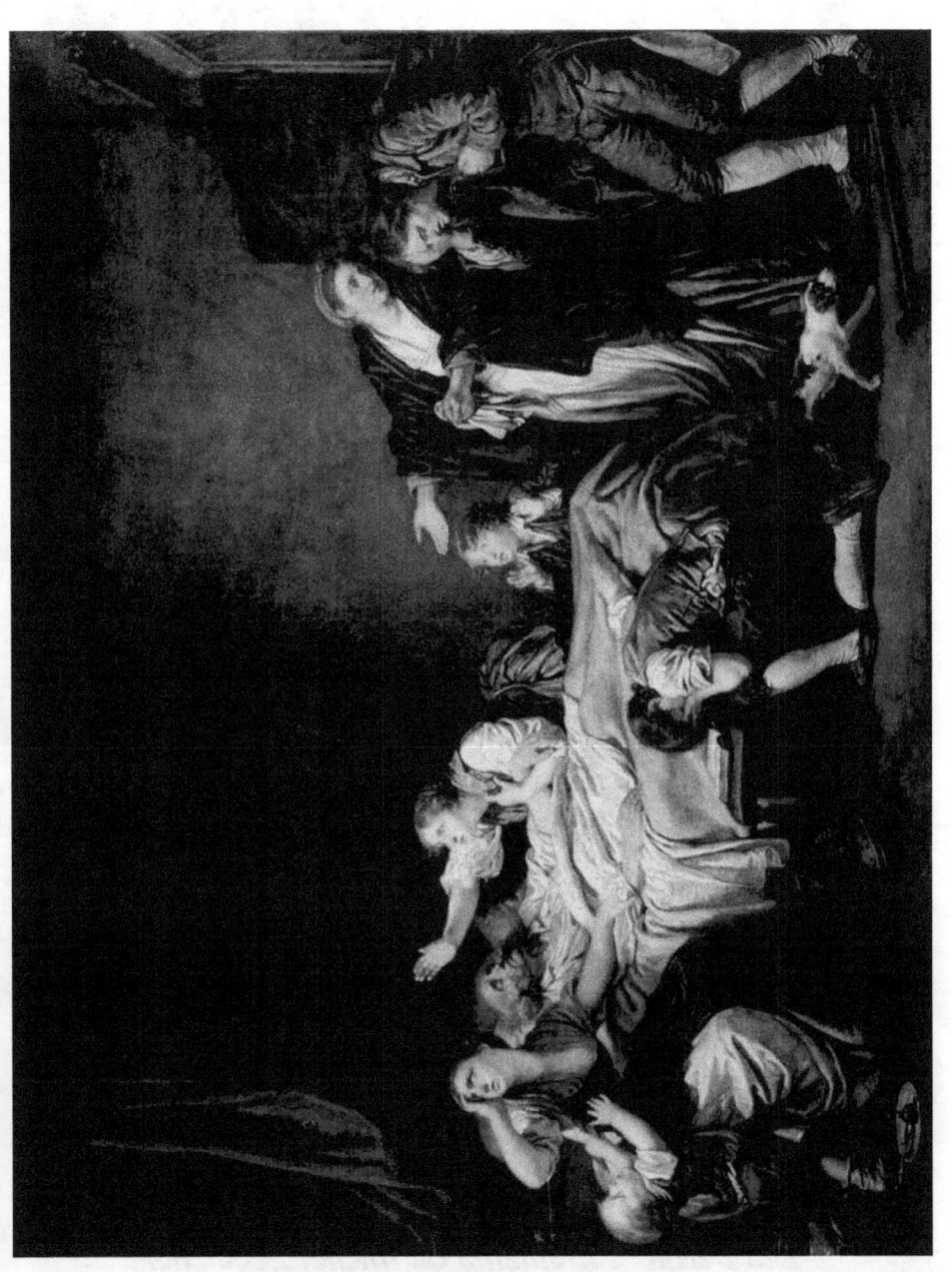

Greuze, *Le Fils puni*, 1777

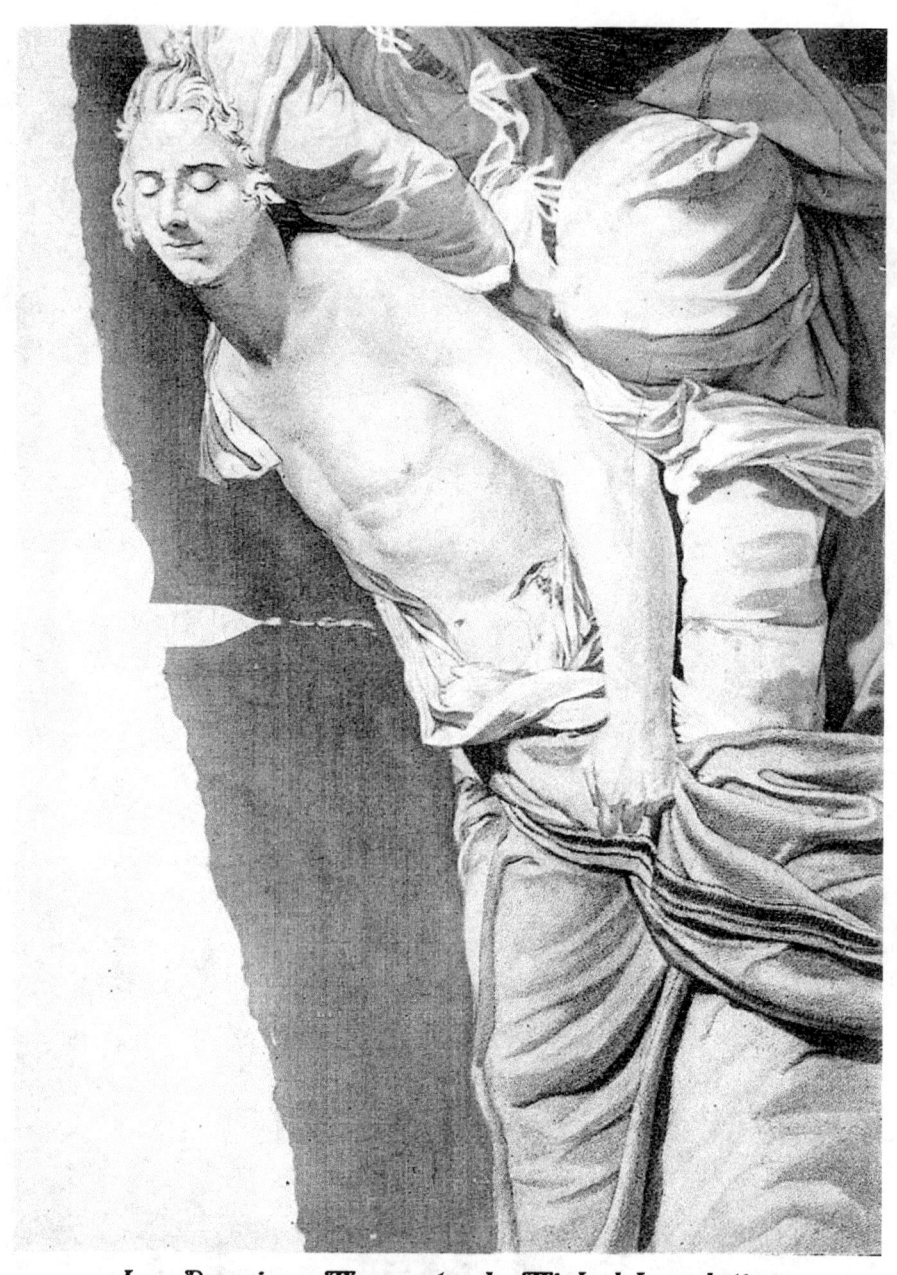

Les Derniers Moments de Michel Lepeletier,
gravure de Pierre Alexandre Tardieu d'après David

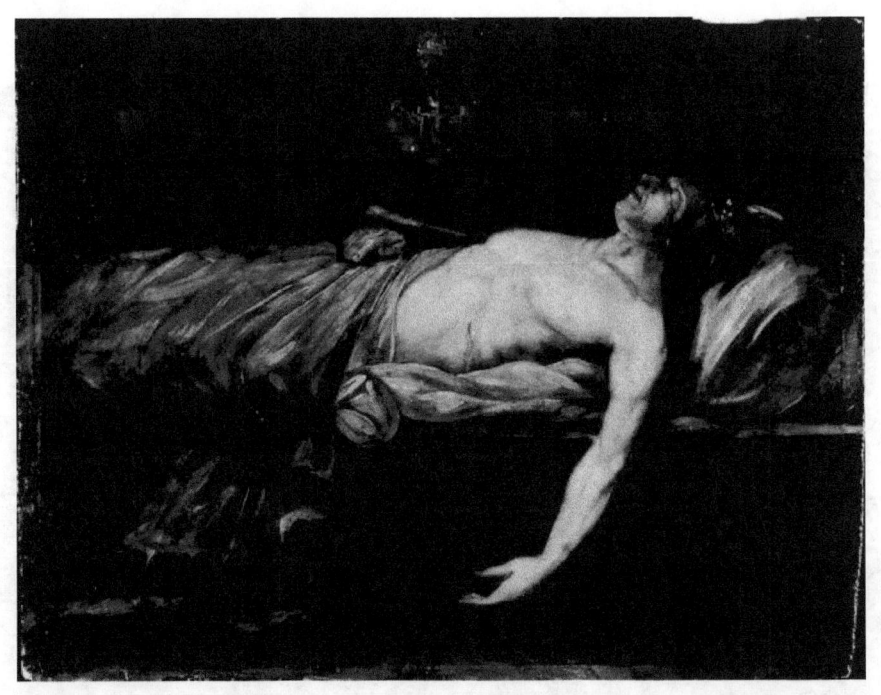

Anonyme, *Le Peletier de Saint Fargeau sur son lit de mort,* vers 1825

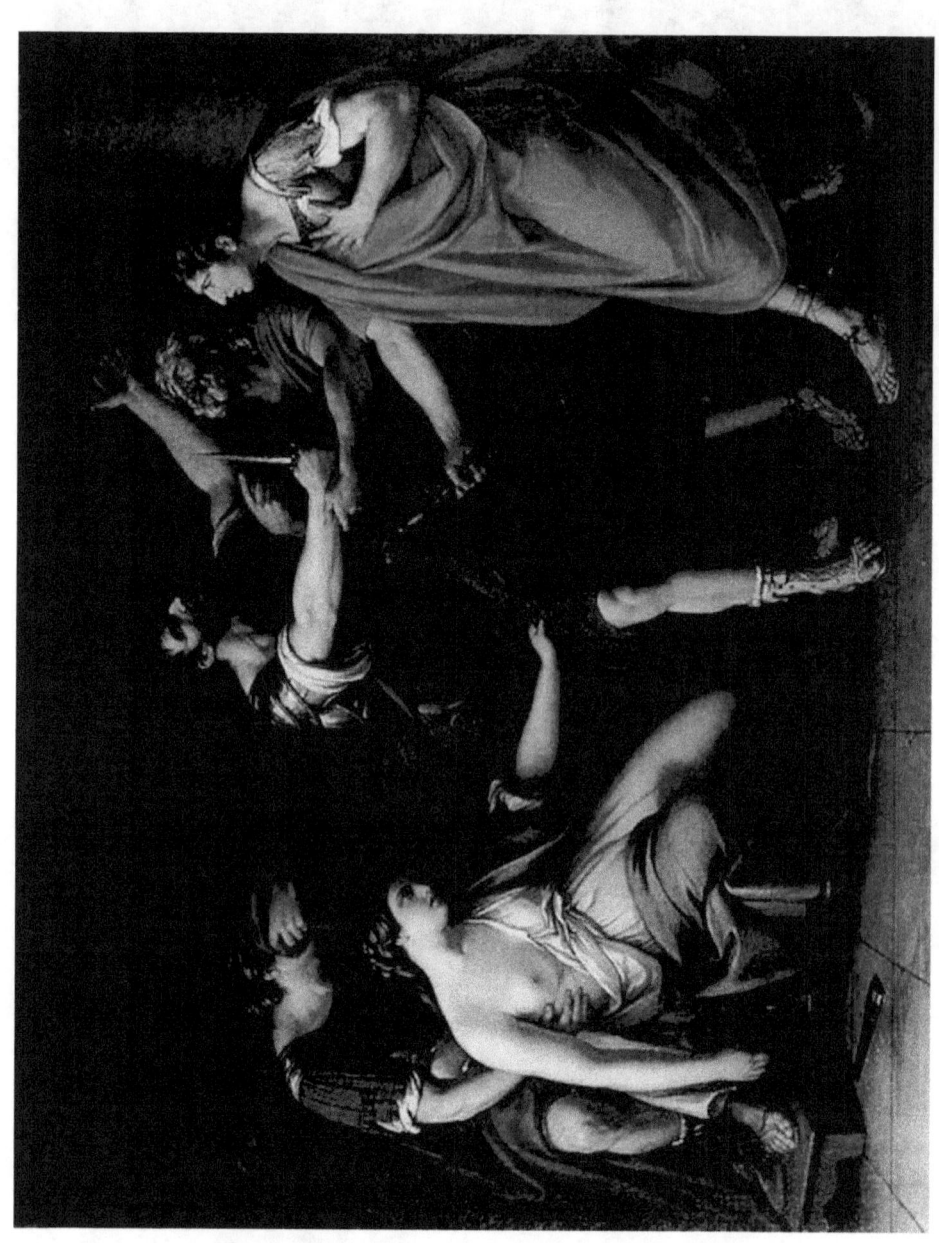

Gavin Hamilton, *The Oath of Brutus*

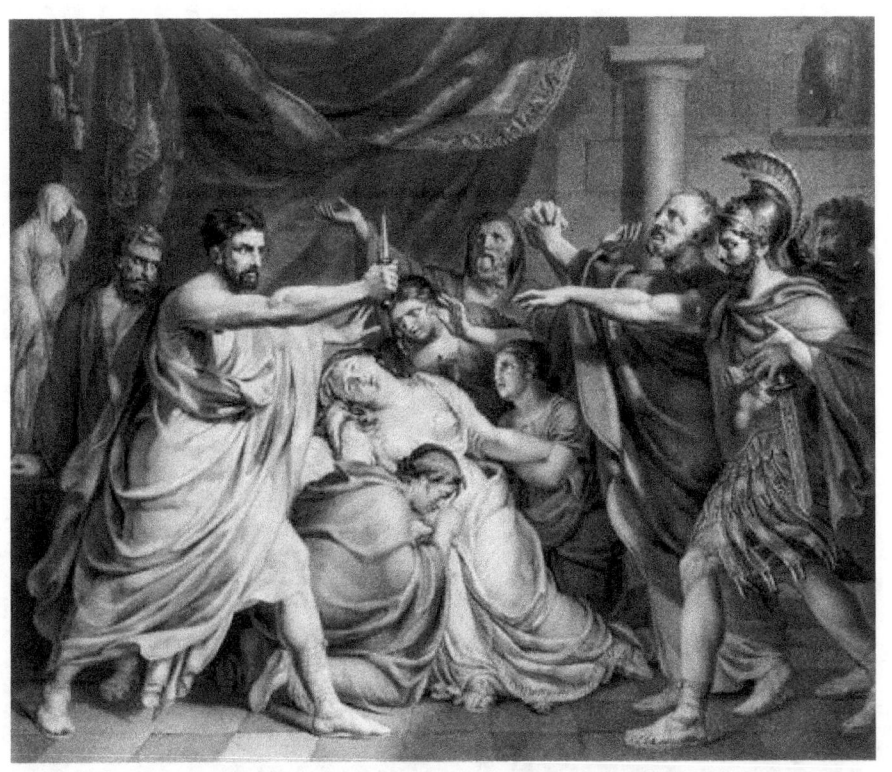

François-Joseph Navez, *Le Serment de Brutus*

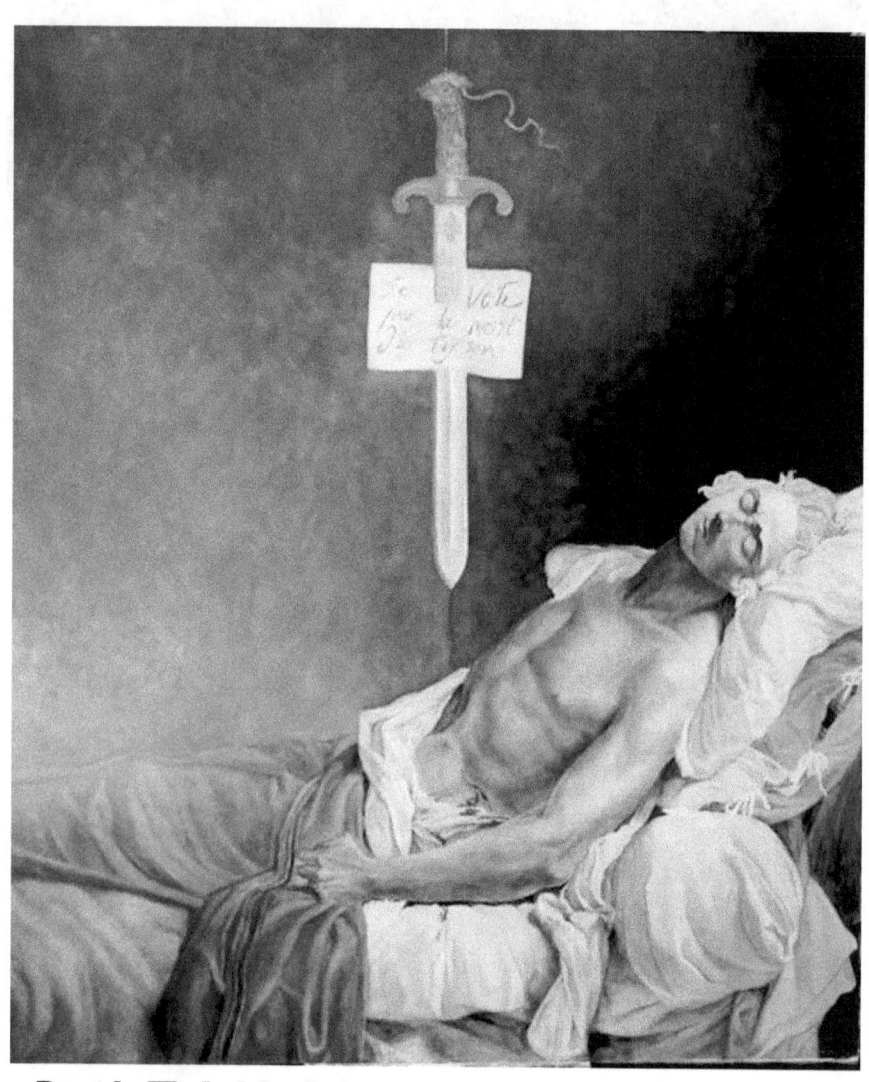

David, *Michel Le Peletier de Saint-Fargeau assassiné*

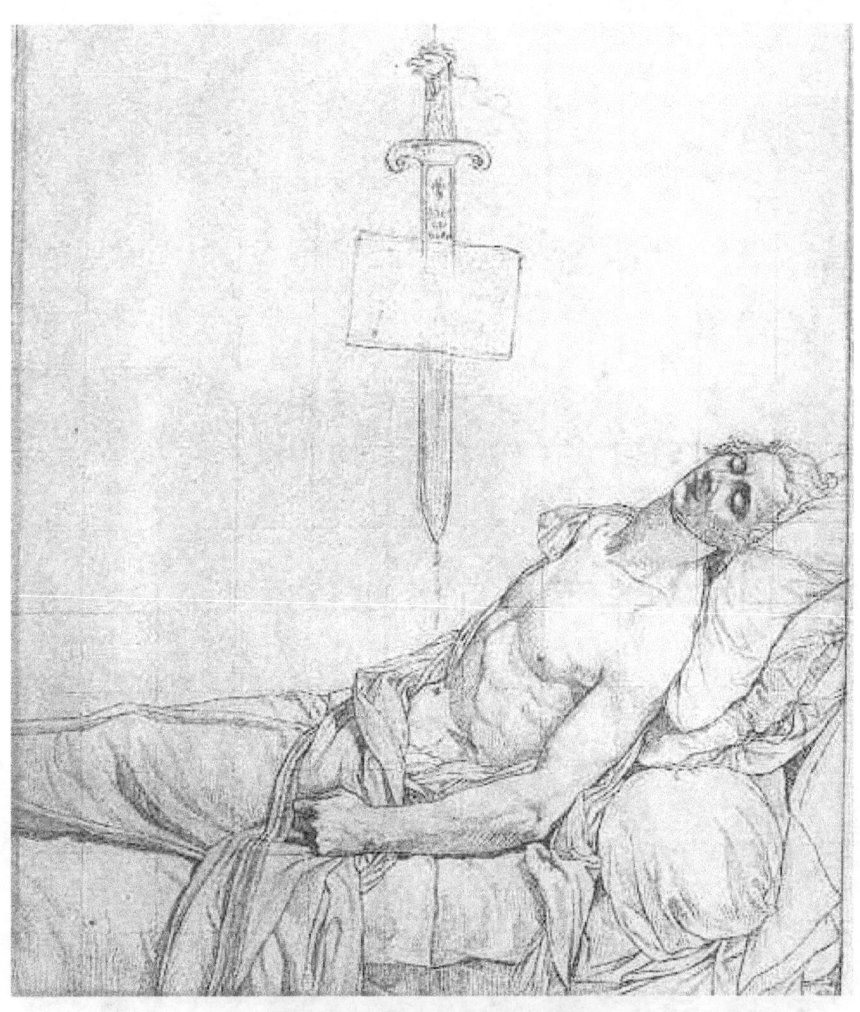

David, *Esquisse pour Michel Le Peletier de Saint-Fargeau assassiné*

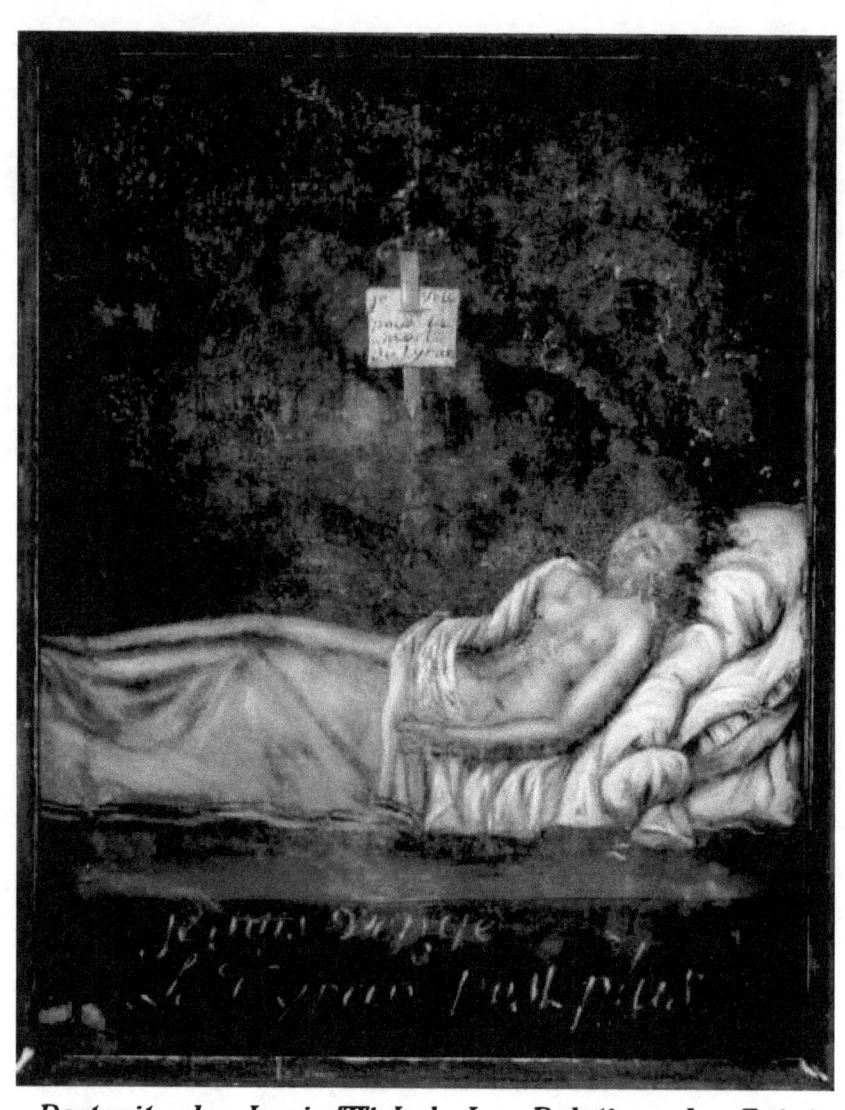

Portrait de Louis-Michel Le Peletier de Saint-Fargeau, sur son lit de mort, d'après David

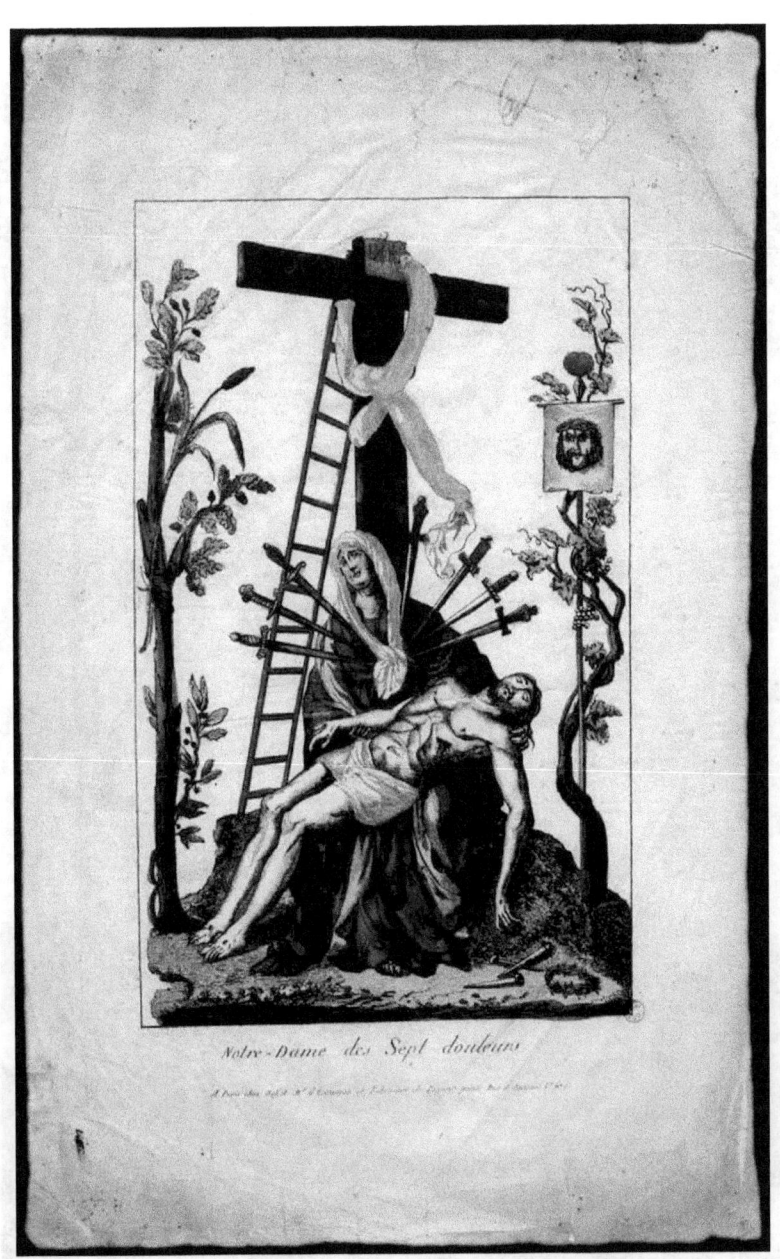

Notre-Dame des sept Douleurs

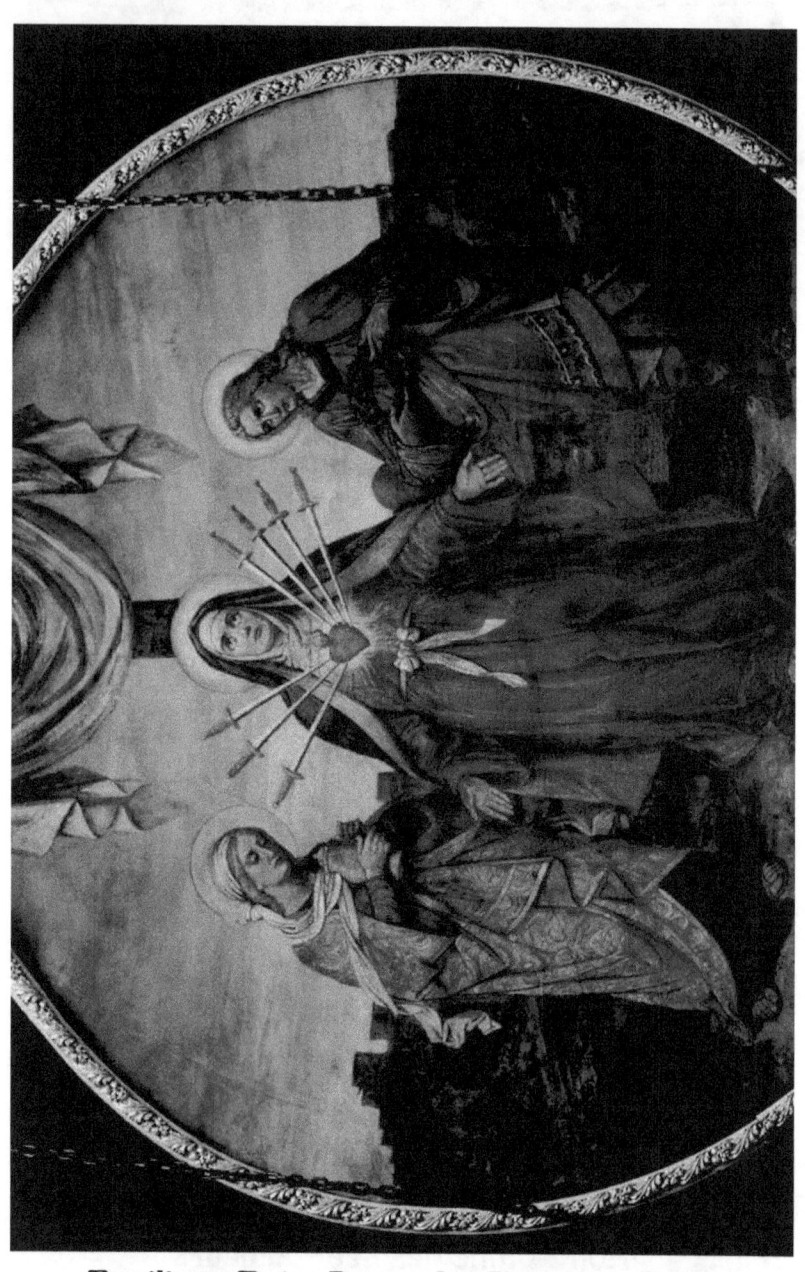

Basilique Notre-Dame des Victoires, Paris

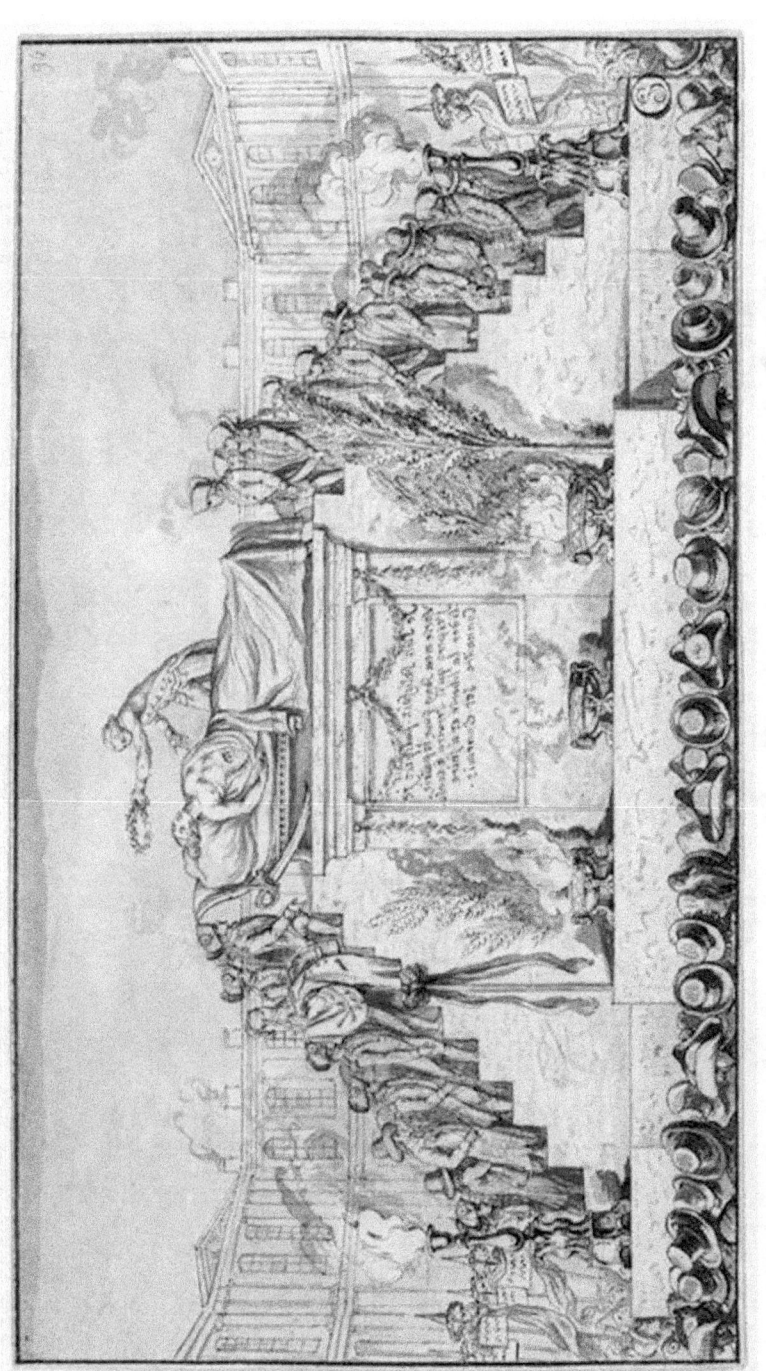

Exposition du corps et couronnement civique de Michel Lepeletier, 24 Janvier 1793

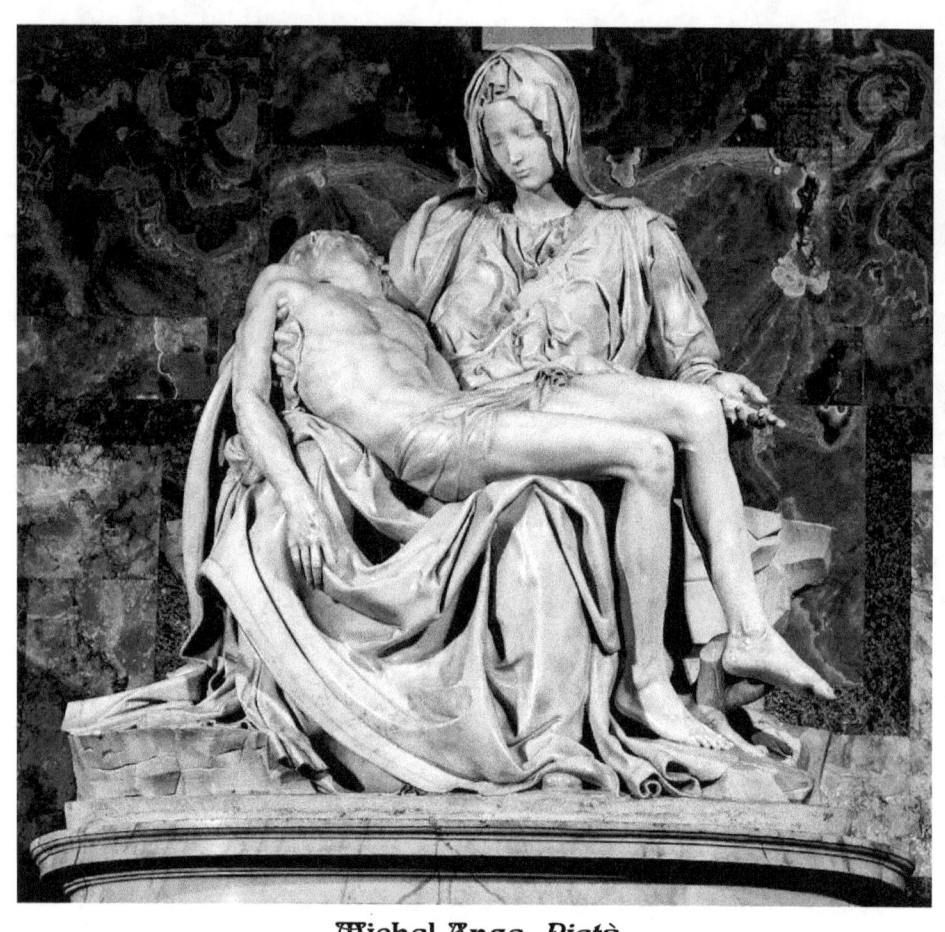

Michel-Ange, *Pietà*

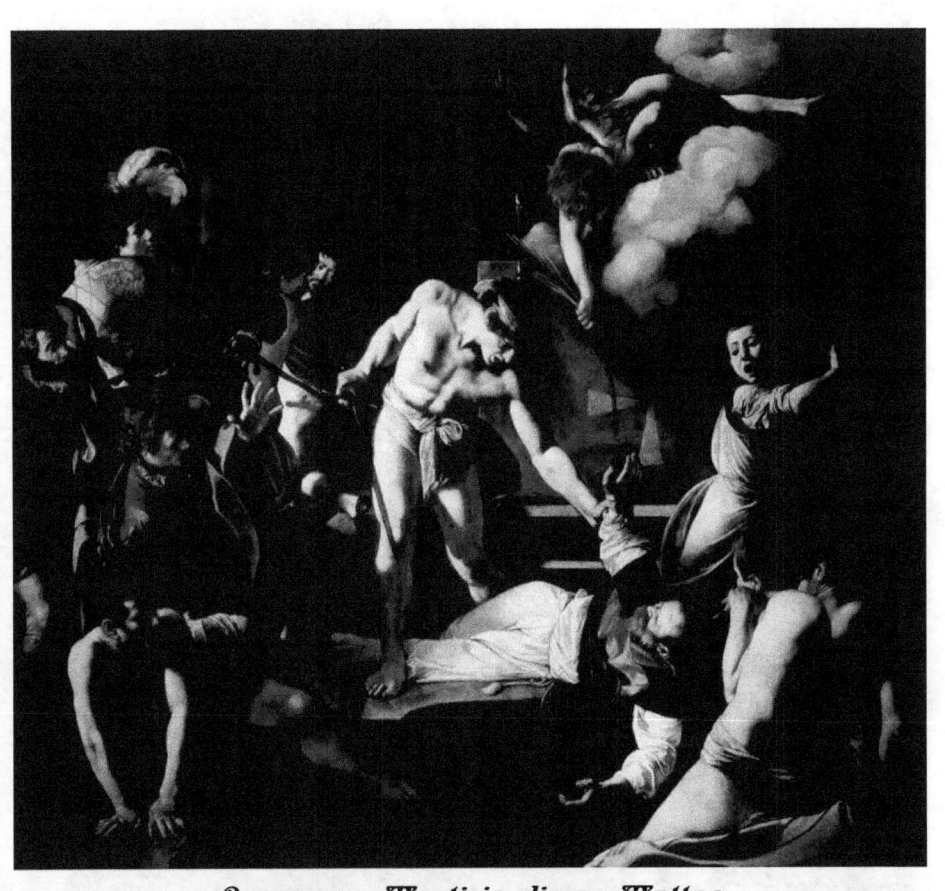

Caravage, *Martirio di san Matteo*

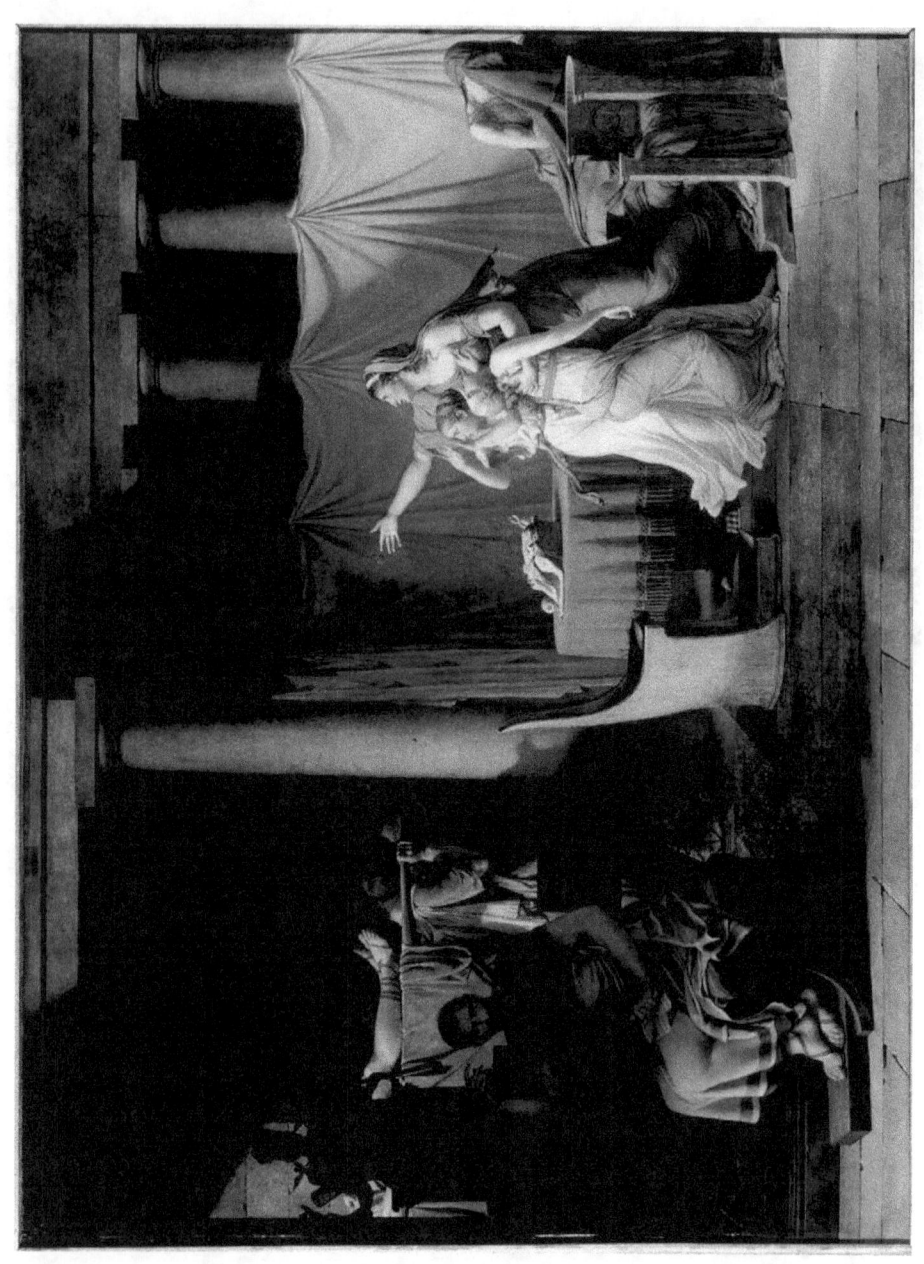

David, *Les licteurs rapportent à Brutus les corps de ses fils*

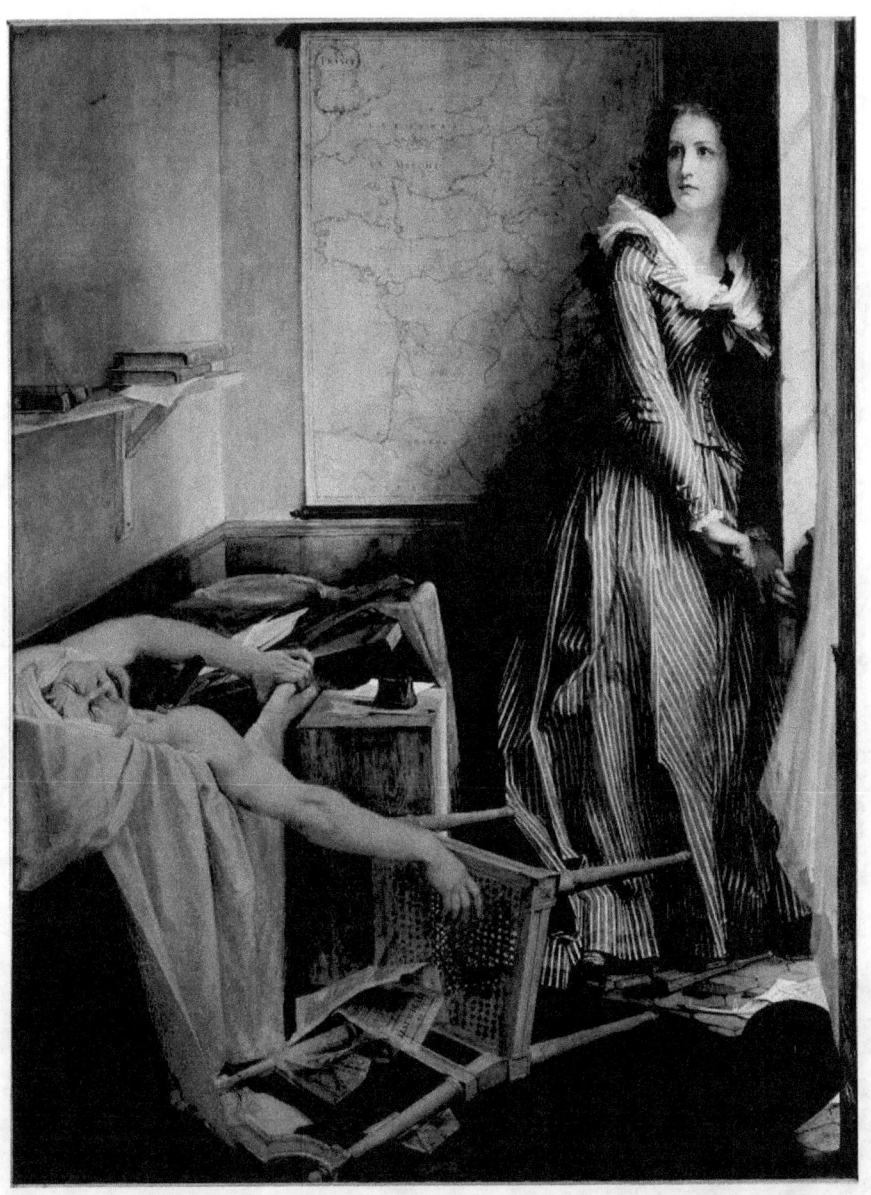

Paul-Jacques-Aimé Baudry, *Charlotte Corday*, 1860

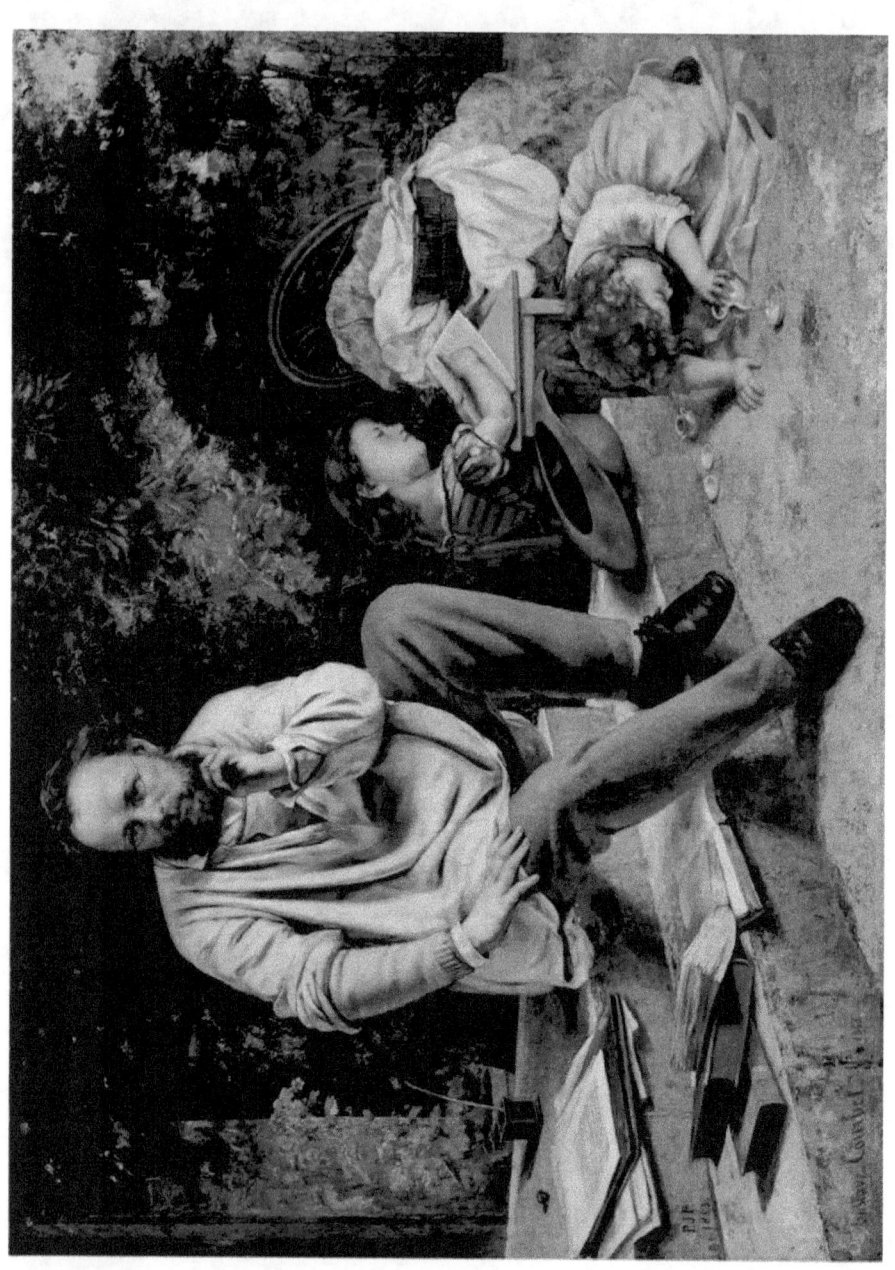

Courbet, Pierre-Joseph Proudhon avec ses enfants, 1865

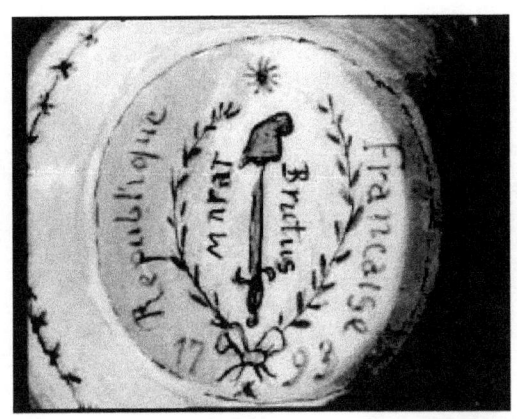

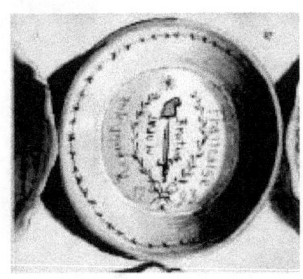

Marat Brutus, plat en faïence de la Révolution

www.ingramcontent.com/pod-product-compliance
Lightning Source LLC
Chambersburg PA
CBHW050236230526
45470CB00005B/1973